novum pro

PETER GROSS

OHNE SPRUNGTUCH

ICH BAT UM HILFE UND LANDETE GANZ UNTEN

novum pro

Bibliografische Information
der Deutschen Nationalbibliothek:

Die Deutsche Nationalbibliothek
verzeichnet diese Publikation in
der Deutschen Nationalbibliografie.
Detaillierte bibliografische Daten
sind im Internet über
http://www.d-nb.de abrufbar.

Gedruckt in der Europäischen Union
auf umweltfreundlichem, chlor- und
säurefrei gebleichtem Papier.

ISBN 978-3-99146-157-9
Lektorat: Susanne Schilp
Umschlagfotos:
Sergejsbelovs, Jiri Studnicky,
Stepan Popov | Dreamstime.com
Umschlaggestaltung, Layout & Satz:
novum Verlag
Autorenfoto: Fotogeschäft
Winiger GmbH Frauenfeld

www.novumverlag.com

Climate neutral
Print product
ClimatePartner.com/16547-2201-1002

INHALTSVERZEICHNIS

MOND UND STERNE

Auf dem schmalen Grasstreifen, der die Siedlung wie eine Schutz-Zone von der Straße und dem Quartier mit der Schuhfabrik, der Beiz und der Tankstelle abgrenzte, lagen ein kaputter Ball und im Sandkasten die zertrampelten Überreste kindlicher Baukunst. Es wurde langsam dunkel. Ich saß auf der Mauer vor unserem Haus. Blasse Sterne, der bleiche Mond: Beide sind für alle da. Vom Parkplatz wehten Gelächter und Stimmen zu mir herüber, Autotüren wurden zugeknallt. Ich beneidete die wegfahrenden Besucher. In den Fenstern identischer Betonbauten, die zusammen eine Siedlung ergaben, die sich „familienfreundlich" nannte, brannte bald Licht. Ich fragte mich, was die Menschen hinter den zugezogenen Gardinen machen und blickte zum einzigen Hochhaus hinüber, das wie ein Fremdkörper in die Höhe einer begrünten und doch grauen Agglomeration ragte, die heute noch genau gleich aussieht wie in den 1970er-Jahren. Heidi war noch nicht eingezogen, aber in der Nummer 14 lebte mein bester Freund. Tagsüber konnte ich an Fensterscheiben klopfen und Klingeln drücken, die Kameraden zum Spiel auf dem Grasstreifen auffordern und manchmal durfte ich bei Angelo essen und von einer familiären Harmonie profitieren, die mir gänzlich fremd war.

Irgendwann war der Himmel fast schwarz, die Sterne hingen wie Diamanten im Dunkel. Ich war sieben Jahre alt und fürchtete mich, in mein Zuhause zurückzukehren. Es gab einen Eingangsbereich mit Toilette und Bad. Zwei Kinderzimmer, ein Elternschlafzimmer. Im größten Raum standen das Sofa, der Beistelltisch und die Wohnwand. Dort lagerten die Schätze der Erwachsenen: schönes Geschirr, die feine Tischwäsche, bunte Glasvasen und Süßigkeiten, die wir nicht anrühren durften. Im Terrarium lebten zwei Alligatoren, die dem Vater als klein bleibend verkauft worden waren. Als sie zu stattlicher Größe heranwuchsen, mussten sie an einen Zoo abgegeben werden.

Ihre Behausung verwandelte sich in ein Aquarium mit Neonfischen und Schlingpflanzen. Der auf einem Sockel stehende Glaskasten mit dem friedvollen Innenleben vermittelte mir in einem Universum, das durch die gewalttätigen Ausbrüche des Vaters geprägt war, so etwas wie Trost.

Meine Mutter hatte mich knapp neunzehnjährig geboren. Meine beiden jüngeren Schwestern machten aus Yvette eine zweiundzwanzigjährige Dreifach-Mutter. Leo unser Erzeuger, hatte seine anderen Kinder samt Ehefrau verlassen, um die hochschwangere Geliebte, in einem Anfall von Ehrenhaftigkeit, einen Monat vor meiner Geburt zu heiraten und führte sein Schreckensregime fortan einfach in der neuen Familie fort.

In den ersten Jahren meines Daseins war das Leben noch weniger beschwerlich, obwohl: Mit siebeneinhalb Monaten fiel ich vom Wickeltisch, wie man sich erzählte, als dieser Sturz mit Verhaltensweisen in Verbindung gebracht wurde, die Mutter und Vater mit dem Satz „Der ist nicht ganz normal" erklärten, was die Suche nach anderen Gründen überflüssig machte. Nach unablässigem Weinen verstummte ich, auf dem Boden liegend, plötzlich. Mutter glaubte, ich sei tot. Das war nicht der Fall. Im Krankenhaus wurde ein Schädelbruch festgestellt. Ich kam zu den Großeltern mütterlicherseits, die mich wochenlang pflegten, während Leo seine junge Frau zu doppelter Arbeitsleistung antrieb, da er den kaputten Kopf seines Sohnes ihrer mangelnden Sorgfalt zuschob, wobei ihm die Kosten meiner Genesung weitaus mehr beschäftigten als die Sorge um meinen Gesundheitszustand.

Was Vater und Mutter verband, weiß ich nicht. Es waren die späten 1960er-Jahre. Während anderswo das progressive Leben tobte, junge Leute so viel mehr wollten, als ihnen das verhasste Establishment zugestand, kämpften die Erwachsenen in meinem Umfeld einfach weiter um ihre Existenz. Leo hatte keine Ausbildung abgeschlossen. Mit welcher Arbeit er seine erste Familie über die Runden gebracht hatte, weiß ich nicht, was ich jedoch weiß, ist, dass er sein Lebtag nie einen Franken Alimente leistete und in seiner neuen Frau eine tüchtige Arbeitskraft erkannte, die zum finanziellen Auskommen der Familie beitrug. Und jetzt weiß ich auch: Die Firma war das verbindende Element zwischen ihnen. Sie gründeten ein Unternehmen für Reinigungsmittel. Der Name setzte sich aus den Silben ihrer Vornamen und dem Namen unseres Wohnortes zusammen. Die Fabrikation befand sich in einem angemieteten Raum, der sich ebenfalls in der Siedlung befand. Dort lagerten große Fässer mit Substanzen, die nach genauer Rezeptur in Flaschen abgefüllt und von uns Kindern etikettiert werden mussten. Zu Dutzenden in Kartonschachteln verstaut, fuhren die Eltern ihre Verkaufstouren in der nahen und fernen Umgebung. In Schulhäusern und Gemeindeverwaltungen bauten sie sich eine Stammkundschaft auf, denn die Produkte der Firma „Lywigo" genossen einen ausgezeichneten Ruf, wenn es um die blitzblanke und streifenlose Reinigung mittels Mob, Putzlappen oder Bürste ging. Als Folge des elterlichen Fleißes waren wir Kinder anständig gekleidet und hungerten nicht. In der Garage stand das Auto, in der Wohnzimmerwand plötzlich ein Farbfernseher. Ich besaß Spielzeugautos und ein Minivelo. Vater war zwar pausenlos anwesend, aber ich erinnere mich nur an ein einziges Erlebnis, das mich in positiver Art und Weise mit seiner Präsenz verbindet. Er fuhr mit seinem Rennvelo um den Greifensee, ich als kleiner Knirps im Windschatten hinterher. Danach war er stolz, dass ich das geschafft hatte. Es war das einzige Lob, das ich je von ihm erhalten habe.

Als das Familienleben noch halbwegs funktionierte, verbrachten wir die Wochenenden im Winter auf dem Atzmännig, einem Naherholungsgebiet, das eine Autostunde von unserem Wohnort entfernt lag. Der dort stationierte Wohnwagen bot fünf Personen nur knapp Platz. Die Verhältnisse waren beengt, die Streitigkeiten vorprogrammiert und so verbrachte ich die meiste Zeit im Freien, entdeckte die winterliche Natur mit den schneebedeckten Hügeln, die zum Rodeln und Skifahren einluden. Dass meine Schwester und ich Skier und Skischuhe, gefütterte Overalls und einen Tages-Pass besaßen, um uns in die Höhe transportieren zu lassen, war keine Selbstverständlichkeit, wie man uns sagte. Am Morgen frühstückte ich bereits in voller Montur, um danach als Erster am Lift zu stehen. Innerhalb weniger Saisons wurde ich ein ausgezeichneter Skifahrer und als mir Mutter in ihrem knallgelben Skidress nacheifern wollte, hängte ich sie ab, sie war mir eindeutig zu langsam unterwegs. Ich erinnere mich, dass mir die sportliche Aktivität die Sicherheit vermittelte, weniger nutzlos zu sein, als mir mein Vater für gewöhnlich weismachen wollte. Wenn ich durch Tiefschnee wedelte, die Pisten schneller als alle anderen hinunterflitzte und bei gemächlichen Waldabfahrten den Duft von Nadelbäumen einsog, ein Eichhörnchen oder Tierspuren im Schnee erblickte, spürte ich Freiheit und Ruhe. Das Alleinsein gefiel mir eindeutig. Ich musste mich nicht äußern, machte nichts falsch und konnte eigene Entscheidungen treffen. Gelangten wir nach den Ferien wieder ins Unterland zurück, buckelte ich meine Skier und stand bald auf einem schneebedeckten Hügel in der Nähe unseres Wohnortes. Zusammen mit den Kindern der Siedlung bauten wir Schanzen, regelten den spärlichen Verkehr auf der nahen Quartierstraße und flogen so ähnlich wie unsere Vorbilder, Ingemar Stenmark und Bernhard Russi, in hohem Bogen über die Straße auf die gegenüberliegende Wiese.

Im Sommer stand der Wohnwagen, wie von Zauberhand gelenkt, plötzlich an einem anderen Standort. Mitten in üppigem Grün und nur Schritte von unserer Bleibe entfernt, glitzerte der Greifensee. Nun trugen wir fast den ganzen Tag Badehosen. Die Enge der winterlichen Residenz auf Rädern wurde in dieser Jahreszeit mit einem Vordach bekämpft, unter dem wir auf zusammenklappbarem Mobiliar im Freien aßen, was Mutter in der winzigen Küche zubereitete. Auch in diesem Umfeld war die Freiheit fast grenzenlos. Wenig Beaufsichtigung war nötig, alle kannten sich, wussten, wo sich die Sprösslinge der anderen Familien gerade aufhielten und die allfällige Erkundigung der Zivilisation verhinderte ein riesiges Maisfeld. Bei Einbruch der Dunkelheit wurde es erfrischend kühl und ruhig und die Laternen auf den Tischen verbreiteten fast so etwas wie eine romantische Stimmung. Davon blieben die Eltern unbeeindruckt. Allerdings hatten ein verheirateter Mann mit einem Seehund-Schnurrbart, einer Ehefrau und zwei Kindern und meine nun siebenundzwanzigjährige Mutter vermutlich bereits damals ein Auge aufeinander geworfen.

Die Eltern stritten viel und in dieser Zeit ereignete sich bereits etwas, was auf Unachtsamkeit oder sogar Grausamkeit im Umgang mit mir hinwies. Einmal, es war an Ostern, hatte ich im Wohnwagen das Bett eingenässt. Am Nachmittag stand die ersehnte Suche der Osternester auf dem Programm. Die anderen Kinder waren erfolgreich, kehrten jubelnd mit einer reichen Beute aus Schokoladenhasen und Zuckereiern zurück, nur ich fand mein Nest trotz aller Bemühungen nicht. Enttäuscht kehrte ich zurück, worauf mich die Eltern wissen ließen: „Du darfst erst jetzt suchen." Da die anderen ihre Süßigkeiten in Sicherheit gebracht hatten, half mir die gesamte Schar. Als ich mein Nest endlich gefunden hatte, steckte nur meine nasse Unterhose im Ostergras. Ich schämte mich in Grund und Boden. Eine andere Episode jener Jahre blieb mir ebenfalls in Erinnerung: Der Sohn des zweiten Nachbars auf dem Platz, ein achtzehnjähriger Junge, hatte es sich in einem eigenen Zelt in direkter Nähe zum elterlichen Wohnwagen gemütlich gemacht. Als er eines Nachts die Toilette aufsuchte, die sich in einem weiter entfernt gelegenen Gebäude befand, kippte die im Inneren angezündete Kerze um. Das Zelt fing Feuer. Seine aus dem Campingwagen hinausstürmenden Eltern waren in größter Panik, glaubten sie doch, ihr Kind befinde sich im Zelt. Sein Vater drang ins Innere, wollte seinen Sohn retten, zog sich Verbrennungen zu, als dieser nichts ahnend zurückkehrte. Anstatt mich vor diesem Drama zu bewahren, das mich in Angst und Schrecken versetzte, ließ mich mein Vater seelenruhig zusehen und ich wurde das Gefühl nicht los, dass er mir abermals eine grausame Lektion erteilen wollte.

Wie es um die Ehe der Eltern stand, konnte ich zu diesem Zeitpunkt nicht sagen, allerdings hatte mich bereits drei Jahre zuvor, als Fünfjähriger, ein Erlebnis schockiert, das sich in tiefer Nacht zugetragen hatte. Ich musste zur Toilette und nahm ein

Licht im Wohnzimmer wahr, schaute nach und erkannte meinen Vater. Er kniete vor dem Beistelltisch im Wohnzimmer. Auf der Platte stand eine Kerze, die schummriges Licht verbreitete, ein geschnitztes Jesus-Kreuz und ein langes Messer. Das seltsame Stillleben versetzte mich augenblicklich in Panik. Mutter ermahnte mich, sofort in mein Zimmer zurückzukehren. Als ich mich am nächsten Tag erkundigte, was geschehen sei, antwortete Yvette schlicht und ergreifend: „Er wollte sich umbringen." Ich wusste offenbar bereits in diesem jungen Alter, was das bedeutete und stellte Fragen. Diese wurden nicht beantwortet und darin sehe ich heute eine Verhaltensweise, die für unsere Familie typisch war. Es wurde nicht geredet. Man ging den Problemen nie auf den Grund. Man hoffte, diese lösten sich von allein in Luft auf und wenn dies nicht geschah, ignorierte man es ganz einfach, was für noch mehr Schmerz und Kummer sorgte. Als ich mich einige Jahre später, ich war noch ein Kind, ebenfalls mit dem Gedanken trug, mich umzubringen, indem ich mir die Kante des in die Höhe gehobenen Bettgestells auf die Kehle fallen lassen wollte, kommentierte Mutter dieses Ansinnen mit einem einzigen kühlen Satz: „Das schaffst du sowieso nicht." Viele kleinere und größere Vorfälle nährten mein Gefühl, unwichtig zu sein. Meine Vernachlässigung zeigte sich darin, dass mein seelisches, jedoch auch mein körperliches Wohl keine Beachtung fanden. Während andere Mädchen und Jungen mit aufgeschürften Knien und verstauchten Handgelenken in die Arme ihrer Mütter flüchteten, getröstet und verarztet wurden, erinnere ich mich in solchen Situationen weder an elterliche Fürsorge noch an Gesten der Zuneigung. Einmal erklomm ich einen Kastanienbaum. Der Ast brach in großer Höhe ab und Sekunden später lag ich mit schmerzenden Gliedern am Boden. Ich humpelte nach Hause, hatte starke Schmerzen, hoffte darauf, getröstet zu werden. Vergeblich. Vater wies mich barsch an, mit winzigen Buchstaben aus dem Setzkasten den Satz zu formulieren „Ich darf nicht auf Bäume klettern" – so oft, bis die Fächer des Setzkastens leer waren. Unfälle oder andere Missgeschicke, die sich in jedem Kinderleben ereignen, zogen in meinem Fall oft weitere Bestrafungen nach sich, vor allem aber war die Familie immer häufiger den willkürlichen Übergriffen meines Vaters ausgesetzt. Leo war ein harter und streitsüchtiger Mann. Die Erinnerungen an seine Ausbrüche trüben mein Gedächtnis, beziehungsweise tilgten das Positive und Gute; beides gab es bestimmt auch.

Ich war ein liebes und friedfertiges Kind, hasste Streit und laute Auseinandersetzungen, die mich in Angst und Schrecken versetzten. Einerseits versuchte ich, mich unauffällig und ruhig zu verhalten und keine Gründe dafür zu liefern, dass eine Situation eskalierte. Andererseits heckte ich immer wieder Streiche aus, von denen ich wusste, dass sie drastische Bestrafungsaktionen nach sich ziehen würden. Man könnte dieses Verhalten als selbstschädigend bezeichnen. Für mich ergab es irgendwie Sinn, denn die verabreichten Prügel konnten so zumindest in einen vernünftigen Zusammenhang gebracht werden. Ich zündelte mit Plastik, verbrannte mir das Ohr, drückte alle Klingelknöpfe am Hochhaus und einmal fuhren wir mit Mutter in das Gemeindehaus: Während sie meine Schwestern und mich warten ließ, löste ich die Handbremse des Autos, das nach hinten rollte, durch ein Trottoir aber glücklicherweise gestoppt wurde. Ein beobachtender Passant schimpfte unsere Mutter aus, der Schuldige war schnell ausgemacht und logisch fiel die Bestrafung hart aus. Erklärungen, die mir Gründe begreifbar machten, damit ich mein eigenes Verhalten hätte verändern können, gab es nie. Als wären meine Missetaten gewünscht. Ob Mutter bei anderen Gelegenheiten das Augenmerk von sich lenken wollte, indem sie Leo ihre Kinder als Sündenböcke zur Verfügung stellte, ist eine Vermutung, die hoffentlich nicht zutrifft und doch machte sie sich in dieser Zeit auch zu seiner Komplizin. Ärgernisse, die sich in der Abwesenheit ihres Mannes ergaben, wurden nicht sofort bestraft. Meine Schwestern und ich mussten uns vor der Schrankwand im Wohnzimmer auf den Boden setzen und auf seine Rückkehr warten. Die absolute Sicherheit, dass bei diesen Gelegenheiten Prügel drohte, war das eine. Die Ungewissheit, wie hart die körperlichen Strafen ausfallen würden, erwies sich als Qual, die zu Unsicherheit und Angst führte.

Was damals auch in manchen anderen Familien an der Tagesordnung war, dass man erzieherische Prinzipien handgreiflich durchsetzte, erreichte in unserer Familie ein wildes und unordentliches Ausmaß, das ich instinktiv als gefährlich und destruktiv wahrnahm.

Die kontrollierten Bestrafungsaktionen gingen immer öfter, rund fünfmal pro Woche, in willkürliche Gewalt über. Einmal, ich erinnere mich seltsamerweise daran, dass ich einen schwarzen Rollkragenpullover trug, hatte Mutter ein Essen gekocht, das wir Kinder liebten. Omeletten. Vater mochte das Eiergericht nicht und geriet derart in Rage, dass er seinen gefüllten Teller an die Decke knallte und die Wohnung wutentbrannt verließ, während seine Frau Scherben und Nahrung zusammenwischte und danach eine umfassende Reinigungsaktion starten musste. Er schrie, tobte und randalierte immer öfter aus dem Nichts heraus und sein cholerisches Temperament richtete sich auch gegen Mutter, die darin irgendwann eine abstruse Logik erkannt haben muss. Unzufriedenheit, Stress und andere Kalamitäten des täglichen Lebens führten bei Leo mit Sicherheit und in immer kürzeren Abständen zu einem unheilvollen Zustand. Es war nur eine Frage der Zeit, bis ein Detail, eine Winzigkeit, eine Unwichtigkeit einen gewaltigen Ausbruch auslöste. Bei manchen Gelegenheiten versuchte Mutter, uns aus der Gefahrenzone zu retten und verbannte uns in die Kinderzimmer, worauf wir akustisch Zeugen wurden, wie Leo seine zierliche Frau attackierte und misshandelte.

Irgendwann werden auch schreckliche Verhältnisse zu einer Normalität. Man arrangiert sich mit dem Umstand, nichts ändern zu können, verhält sich in Anbetracht der eigenen Machtlosigkeit passiv und auch diese Eigenschaft schien sich später – irgendwie – und zumindest zeitweise in mir festgesetzt zu haben. Mein Vertrauen in die Eltern erlitt früh Schaden. Dass Ärger und Wut in dieser Art und Weise geäußert wurden und

Macht derart missbräuchlich ausgeübt wurde, führte bei mir zu Gefühlen der Einsamkeit und der Abhängigkeit, was auch Auswirkungen auf mein weiteres Leben haben sollte. In unangenehmen oder unerträglichen Situationen verhielt ich mich später bisweilen so wie einst in der Kindheit, als ich wusste, dass es kein Entrinnen gab, ich dem väterlichen Regime ausgeliefert war und alles erdulden musste. Meinen Schwestern erging es nicht besser als mir, was ebenfalls psychische Konsequenzen für ihre späteren Leben als Erwachsene zur Folge hatte. Meine Erinnerungen an die Kindheit sind mit Gefühlen der Zurückweisung und der mangelnden Anerkennung verbunden und die damaligen körperlichen Reaktionen begleiten mich bis zum heutigen Tag. Ein Schleier legte sich über mich, veränderte meine Wahrnehmung, und eine Art Schockstarre war die Folge. Bis zu meinem Zusammenbruch, der Jahrzehnte später stattfand, fehlte es mir an Strategien, um diesen Zustand zu verändern, der unter anderem dazu führte, dass ich unzählige, vermeintliche Gefahren witterte, ein Umstand, der fast immer mit starken Angstzuständen verbunden war.

MEINE SCHOLLE

Nach gewalttätigen Übergriffen und unsäglichen Szenen blieben Erklärungen oder Entschuldigungen vonseiten des Vaters aus. Der Wille, an seinem Verhalten etwas zu verändern, war schlicht nicht vorhanden und nach unfassbaren Ausbrüchen ging man kommentarlos zur Tagesordnung über. Ich schwieg ebenfalls und vertuschte die sichtbaren Folgen der Übergriffe und versuchte zu verheimlichen, was bei uns zu Hause geschah. Als noch kleines Kind wollte ich bei den Eltern bleiben und verzichtete, aus Angst vor dem Kinderheim und erneuten Sanktionen, darauf, Hilfe zu suchen. Auch wenn ich es getan hätte, so meine ich heute zu wissen, wären solche Aktionen nicht von Erfolg gekrönt gewesen. Obwohl beide Eltern aus kinderreichen Familien stammten, ich Dutzende von Tanten, Onkeln, Cousins und Cousinen hatte, erfuhren wir von den Verwandten keinerlei Unterstützung. Zu den Großeltern, die mich als Säugling hegten und pflegten, bestand in meinen ersten zehn Lebensjahren kein Kontakt. Mutter brach diesen ab, nachdem sich ihre Eltern kritisch über den Schwiegersohn geäußert hatten. Ich erinnere mich nur an einen Kontakt in der frühen Kindheit, und zwar mit jenem Onkel, der einen Collie besaß, was mich zur Bitte verleitete, eine Woche Ferien bei ihm verbringen zu dürfen. Bereits am ersten Abend weinte ich derart heftig und anhaltend, dass mich die Eltern sofort mit dem Auto abholten. Zum ersten und letzten Mal gingen sie positiv auf meine Emotionen ein und, vermutlich beruhigt darüber, dass die häuslichen Zustände doch nicht so schlecht sein können, wenn sich der kleine Sohn vor Heimweh nach seinem Zuhause verzehrt, setzte es nach diesem Zwischenfall auch keine Prügel. Später realisierte ich: Den übrigen Familien der Siedlung entging nicht, was bei uns zu Hause los war. Man mischte sich nicht ein, war mit dem eigenen Leben beschäftigt und überließ uns – bis auf einmal – unserem Schicksal: Die Frau des Hausmeisters, eine freundliche und kluge Frau, stand bei uns vor der Wohnungstüre. Als Zweitklässler wurde ich Zeuge, wie meine Mutter – die in der Zwischenzeit offenbar um unsere Leben fürchtete – Frau Gloor das Sturmgewehr meines Vaters aushändigte und ihr die Patronen in die geöffnete Hand legte.

Sehe ich die Siedlung heute vor mir, weiß ich: Das dortige Umfeld mit über siebzig Kindern, der Grasstreifen und die begrünten Innenflächen, die sich aus der Anordnung der Betonbauten ergaben, waren meine Rettung. Vierundzwanzig Familien lebten in diesem Kosmos. Fast alle stammten aus einem ähnlichen sozialen Milieu: der Arbeiterklasse. Handwerker und einfache Angestellte, die arbeiteten, um ihre Familien über die Runden zu bringen. Bis auf ein Einzelkind, das Markenjeans trug, besaßen alle Kinder gleich viel oder eher gleich wenig und den fehlenden dritten blauen Streifen malten wir einfach mit einem Filzstift auf unsere Adidas-Rom-Kopien. Niemand lebte in Saus und Braus und Geld wurde erst ausgegeben, wenn man es verdient hatte. So verfuhren auch meine Eltern und heute denke ich, dass sie mir den sorgsamen und verantwortungsbewussten Umgang mit Geld, aber auch mit Besitz, den man wertschätzt, mit auf den Weg gaben. Die meisten anderen Mütter waren nicht berufstätig, was damals einer privilegierten Situation entsprach, da ein Gehalt oder die Bescheidenheit offenbar ausreichte, um den Lebensunterhalt zu bestreiten. Yvette trug mit ihrer Arbeit maßgeblich zum Einkommen bei, schmiss daneben den Haushalt, versuchte – erfolglos – ihren gewalttätigen Ehemann unter Kontrolle zu halten und war in Anbetracht der vielen Aufgaben wohl einfach froh, wenn ich mich nicht allzu oft in der Wohnung aufhielt. Mein Revier lag zwischen den Häusern, dort verbrachte ich die meiste Zeit meines kindlichen Lebens, wurde sozialisiert und kam auch in den Genuss von pädagogischen Entscheidungen, die mich bereits als kleiner Knirps beeindruckten. Als die etwas älteren Kameraden und Kameradinnen im riesigen Sandkasten Häuser und elaborierte Burgen bauten, wurden die Jüngeren, zu denen ich anfänglich gehörte, ausgeschlossen, da man befürchtete, dass sie die Kunstwerke der anderen zerstören würden. Die

Frau des Hausmeisters, die so etwas wie die graue Eminenz der Siedlung war, bestimmte eine Zone im Sandkasten, in der wir tollpatschig hantieren konnten und den anderen nicht in die Quere kamen. Ebenfalls erinnere ich mich an eine Silvester-Party, an der sämtliche Familien teilnahmen. Der Hobbykeller wurde mit Papierschlangen dekoriert, die Tische mit buntem Geschirr gedeckt. Die riesige Rasselbande war außer sich vor Vorfreude und Übermut. Der Lärm erreichte ein ohrenbetäubendes Ausmaß, als Frau Gloor uns anwies, diesen Pegel bewusst noch einmal zu erhöhen, bevor wir uns danach ruhiger verhalten sollten. Nach einer Schrei-Orgie hatten wir uns ausgetobt und der Abend verlief in ruhigen und friedlichen Bahnen. Von dieser Art der Konfliktlösung war ich schwer beeindruckt.

Im Umfeld der Siedlung, zusammen mit meinen Kameraden und Kameradinnen, fühlte ich mich nie einsam, konnte die bedrohlichen familiären Umstände zumindest zeitweise verlassen und lernte, was in meiner Familie unmöglich war: füreinander einstehen. Probleme mit Worten und nicht mit Schlägen lösen. Natürlich existierten Hierarchien. Ich lief im Mittelfeld mit und erkannte, dass man in einem gut funktionierenden Team gemeinsam etwas erreichen kann. Ich konnte mir einen Platz im positiven Sinn erkämpfen, kurz, das Leben draußen vermittelte mir Energie, Selbstbewusstsein und die Gewissheit, dass ich in dieser Gruppe wohlgelitten war. Mit den anderen erfuhr ich Zugehörigkeit und nahm begeistert an den Aktivitäten teil. Der Pingpong-Tisch war fest im Boden verankert, die Teppich-Stangen luden zu akrobatischen Übungen ein und auch die meisten Spielsachen gehörten – irgendwie – allen. In diesem Mikrokosmos bewegten wir uns ohne elterliche Aufsicht. Im Sommer blieben wir bis nach dem Dunkelwerden draußen und einmal bauten wir aus Kartonschachteln Schlafplätze, in denen wir übernachteten. Im Herbst bastelten wir Drachen, ließen sie fliegen oder sprangen in die riesigen Laubberge, die wir unter der Anleitung von Frau Gloor angehäuft hatten, die uns als Dank für diese Hilfe einen selbst gebackenen Kuchen präsentierte, den wir brüderlich und schwesterlich teilten. Im

Winter lieferten sich mein Freund und ich Schneeballschlachten und trugen, was wir zu Weihnachten geschenkt bekamen: gestrickte Mützen und Handschuhe.

Die Anfänge mit meinem besten Freund, Angelo, verliefen suboptimal. Zuerst mochte ich ihn nicht und knallte seinen Kopf in einem Wutanfall an eine Dachrinne. Der erste und letzte körperliche Übergriff meines Lebens auf einen anderen Menschen endete für ihn beim Arzt; die Wunde musste genäht werden. Danach lernten wir uns besser kennen, entdeckten die gemeinsame Leidenschaft für Winnetou, schlossen Blutsbrüderschaft und gingen fortan gemeinsam durch dick und dünn. Wenn es bei uns zu Hause brenzlig wurde, durfte ich bei seinen Eltern an die Fensterscheibe klopfen und wurde eingelassen. Im familiären Verbund meines Freundes erkannte ich, dass es in anderen Familien anders zu- und herging als bei uns. Angelo baute ebenfalls Mist, wurde aber nicht körperlich bestraft, sondern musste einfach unliebsame Aufgaben im Haushalt übernehmen. Bei ihnen herrschte eine wohlwollende Stimmung, ohne Angst und ohne ständige Sorge, dass man etwas falsch machen könnte. Von solchen Zuständen war unsere Familie immer weiter entfernt, was sich bald negativ auf meine Schulleistungen auswirkte. In der Hoffnung auf ein elterliches Lob, schwamm ich in den ersten beiden Klassen noch im Mittelfeld mit, doch in der dritten Klasse rasselten meine Noten in den Keller. Kam ein Kind in der Schule nicht mit oder führte eine persönliche Krise zu einem Leistungsabfall, hatte es in diesen Jahren ganz einfach das Nachsehen. Förderungsunterricht oder Nachhilfestunden existierten nicht, dafür setzte es regelmäßig Ohrfeigen und Schläge mit dem Lineal von der Lehrerin. Weder Vater noch Mutter verfügten über Zeit oder Geduld, um mir bei den Hausaufgaben zu helfen oder den Schulstoff zu pauken. Vom Ehrgeiz heutiger Eltern, die für ihren Nachwuchs fast immer ein besseres Leben im Sinn haben, war auch bei meinen Kameradinnen und Kameraden nicht viel zu spüren. Die Schule beenden und eine Lehre absolvieren, galt als Erfolgsgarant für eine geachtete Existenz, die die meisten Mitglieder unserer Kindergruppe in ähnlicher Art und Weise wie ihre eigenen

Eltern fortführten, wie meine späteren Recherchen ergaben. Nur einer sprach plötzlich gebildet, zweifelsohne besuchte er die Kantonsschule und irgendwie gehörte er bald nicht mehr dazu, denn wer einem unüblichen Bildungsdrang nachgab, so lautete zumindest die unausgesprochene Maxime in unserer Siedlung, verriet die vertraute Scholle und entfremdete sich fast zwangsläufig von den Mitgliedern seiner sozialen „Kaste". Davon konnte bei mir aus verschiedenen Gründen keine Rede sein. Paradoxerweise galt es jedoch als größte Schmach, sitzen zu bleiben. Eine Klasse zu wiederholen, dient im Idealfall dazu, dass man sich fangen und die Leistungen verbessern kann, damit man den Anschluss in die Sekundarschule schafft. In meinem Fall wurde der Übertritt in die sogenannte Hilfsschule beschlossen. Ein fataler Fehler, denn diese Entscheidung sollte meine beruflichen Chancen massiv schmälern. Doch davon später. Zu Hause verschlechterte sich in dieser Zeit alles. Einmal wurden wir von einem Mann – Mutters späteren Lebenspartner, wie sich herausstellen sollte – aus der Wohnung gerettet und einmal, Vater randalierte und verhielt sich äußerst gewalttätig, flüchtete Mutter mit mir und den beiden Schwestern in eines der Kinderzimmer und verriegelte die Türe von innen. Anschließend lagen wir uns schluchzend in den Armen. Nun wusste ich wenigstens, wie sich eine mütterliche Umarmung anfühlte.

Yvette trennte sich in unserer Abwesenheit, sie wollte wohl vermeiden, dass meine Schwestern und ich Zeugen eines möglichen riesigen und gefährlichen Ausbruchs wurden, bei dem Mord und Totschlag drohen könnten. Zuvor verbrachte ich eine unbeschwerte Ferienwoche mit der Jungwacht in einem Lager, als mir Frau Gloor am Besuchstag aus hell heiterem Himmel eröffnete: „Wenn du nach Hause kommst, ist dein Vater weg!" Eine solche Option hatte ich nie in Betracht gezogen, beziehungsweise wusste ich nichts von der Möglichkeit, dem Elend ein Ende zu bereiten. Als ich Tage später die Wohnung betrat, erkannte ich sofort, dass die Hälfte des Mobiliars fehlte. Sogar das Ehebett hatte Leo in zwei Teile zersägt. Nun stand Yvette kaum neunundzwanzigjährig mit drei kleinen Kindern allein da. Da Vater seiner ersten Familie nie einen Rappen Alimente bezahlt hatte, ging Mutter zweifelsohne davon aus, dass sich bei uns das Gleiche wiederholen würde. Sie lag goldrichtig mit dieser Einschätzung. Eine einzige Fotografie blieb mir erhalten, auf der ich zusammen mit Leo zu sehen bin. Ich bin im Baby-Alter und halte eine Zigarre oder vielmehr einen *Stumpen* in der Hand! Unseren Erzeuger sahen meine Schwestern und ich nach der Scheidung nur noch ein einziges Mal. Wir besuchten gemeinsam eine Pony-Ranch, durften uns auf die Rücken der Tiere setzen, die Rutschbahn benutzen, ein Eis essen. Ich war begeistert und hoffte auf weitere Unternehmungen dieser Art. Doch Vater machte von seinem Besuchsrecht nie mehr Gebrauch, brach den Kontakt einfach ab und überließ uns unserem Schicksal. Als ich mich Jahre später in einer Notsituation bei ihm meldete, reagierte er distanziert und uninteressiert, ebenso wie er die späteren Kontaktversuche meiner Schwestern, die ihm seine Enkel zeigen wollten, unterband. Genau wie seine ersten fünf Kinder interessierten auch wir ihn keinen Deut.

NIE SO WERDEN

Yvette hatte geahnt, dass er uns im Stich lassen würde und wirkte diesem Umstand in weiser Voraussicht entgegen: indem sie Leo die – in der Zwischenzeit heruntergewirtschaftete – Firma abkaufte. Sehr fleißig und talentiert im Umgang mit Geld, hatte sie es in den vergangenen Jahren geschafft, einen beachtlichen Betrag zusammenzusparen. Möglicherweise tat sie es im Hinblick auf eine Scheidung, die sie nun so durchziehen konnte, wie sie es sich vorstellte. Mit Mutter als alleinige Inhaberin der „Lywigo“ erholte sich das Business schnell, sprich: Sie sorgte fortan für unseren Lebensunterhalt. Mit der Trennung hatte sie uns – und obwohl eine Scheidung Mitte der 1970er-Jahre noch immer mit einem Stigma behaftet war – aus einer unerträglichen Situation befreit. Eine mutige Entscheidung. Ohne Mann stand sie in der Siedlung sofort unter erhöhter sozialer Kontrolle und wies uns an, unser Verhalten anzupassen, da ansonsten eines Tages das Jugendamt auf der Matte stehen könnte. Um zu verhindern, dass uns Kindern ein Vormund zur Seite gestellt wird, beschäftigte sie, die beruflich stark eingespannt war, bald ein Kindermädchen, das in ihrer Abwesenheit den Haushalt schmiss und für uns sorgte. Den Wohnwagen besuchten wir nicht mehr, ich nahm an, dass Vater diesen in die Ehe gebracht und auch wieder mitgenommen hatte. Im Gegenzug ermöglichte uns Mutter die Teilnahme an Ferienlagern von Blauring und Jungwacht. Solche Freizeitaktivitäten kosteten Geld, das sie für uns ausgab. Rückblickend kann man anerkennen, dass sie ihr Leben in die Hand nahm und dafür sorgte, dass wir nicht in ein Heim wechseln mussten. Die folgenden Monate ohne Leo bleiben unvergesslich, denn: Es herrschte Frieden. Niemand schrie. Niemand tobte. Niemand schlug zu. Die strikten Verhaltensregeln wurden weniger und andere Neuigkeiten hielten Einzug. Was früher verboten war, wurde nun erlaubt. Meine Schwestern und ich durften Poster an den Wänden anbringen. Mit elf Jahren war ich ein großer Fan von Skifahrern, die damals immer auf der Sieger-Treppe standen, jedoch auch von Clay Regazzoni und so flitzen bald Ingemar Stenmark, aber auch der berühmte Schweizer Rennfahrer über die schneeweißen Flächen meines Kinderzimmers. Ebenfalls erhielten wir nach dem Auszug des Vaters erstmals Taschengeld. Den neuen Reichtum investierte ich in Süßigkeiten, doch einen Teil steckte ich – bereits damals dem Beispiel meiner Mutter folgend – in meine Sparbüchse. Ich erinnere mich an eine gute Zeit mit gemeinsamen Mahlzeiten und ruhigen Gesprächen. Der Umstand, dass wir nicht mehr in Angst und Schrecken leben mussten, erschien mir als beinahe paradiesisch. Mutter arbeitete viel, nahm ihre praktische Verantwortung uns gegenüber wahr, fehlte an keinem Besuchstag in der Schule und blühte auf. Als mich ein Klassenkamerad fragte, ob Yvette meine Schwester sei, verneinte ich perplex und dann war ich stolz. Sie war noch so jung und auch schön. Und doch war sie meine Mutter. Darin lag für mich bald eine gewisse Unvereinbarkeit, denn hin und wieder hatte sie nun Herrenbesuch. Einmal saß am Morgen ein Mann am Tisch, der französisch sprach. Ich rätselte wie sich die beiden – offenbar eine ganze Nacht lang! – unterhalten hatten, da Mutter die Fremdsprache nicht beherrschte, wie ich wusste. Sie lachte nur, als ich sie fragte und der Mann bedeutete mir, eine Schallplatte aufzulegen. Musik zum Frühstück erschien mir wie der Gipfel an Lebensfreude und Extravaganz. Yvettes Abwesenheit wurde leider bald zu einer Gewohnheit und doch gewöhnt man sich als kleines Kind nur schwer an diesen Zustand. Einmal verbrachten meine Schwestern und ich den Weihnachtstag allein und einmal schreckte ich mitten in der Nacht auf, weil ich ein Geräusch vernahm und vermutete, Mutter sei zurückgekehrt. Normalerweise vergewisserte sie sich, ob wir schliefen, doch nun tat sie das nicht. Beunruhigt stand ich auf, lief durch die Wohnung und instinktiv zur Türe. Diese war nicht abgeschlossen. Ich drehte den Schlüssel im Schloss, ging erneut zu Bett – als ich schnelle Schritte vernahm. Nun verspürte ich Angst und getraute mich erst nach einer gefühlten Ewigkeit aus meinem Zimmer. Die Wohnungstüre stand sperrangelweit offen, worauf ich erneut abschloss und den Schlüssel in das dafür vorgesehene Kästchen hängte. Am nächsten Morgen erzählte ich Mutter von den rätselhaften und furchteinflößenden Ereignissen der vergangenen Nacht. Sie glaubte mir nicht, hielt alles für einen bösen Traum. Allerdings war vor nicht allzu langer Zeit ein Schlüssel verloren gegangen. Dieser hing nun wieder am richtigen Platz! Dass Mutter mir trotz dieses Beweises nicht glaubte, betrübte mich. Allerdings schilderte ich die unheimliche Nacht wenig später in einem Aufsatz zum Thema „Angst", wobei ich auch von der Vermutung sprach, dass sich der Eindringling während meines Rundganges hinter dem Sockel des Aquariums versteckt hatte, ein Detail, das das Schaudern noch erhöhte. Für meine schriftlichen Ausführungen erhielt ich – das einzige Mal – die Bestnote, was auch dazu führte, dass ich vom Klassenlehrer in den folgenden Jahren respektiert und schulisch unterstützt wurde. Solche Menschen gab es auch und ein Lichtblick in meinem noch jungen Leben lag im Umstand, dass meine Mutter die Beziehung zu ihren Eltern nach der Scheidung erneut etablieren konnte. Ich weiß nicht, ob die langen Wochen, die ich als Kleinkind bei den Großeltern verbracht hatte, damals, als sie mich nach dem Sturz vom Wickeltisch betreuten, ein starkes Band zwischen uns schuf, auf jeden Fall fanden wir sofort den Zugang zueinander und mein Großvater wurde zu einer positiven männlichen Bezugsperson, die ich zumindest unterbewusst als Vater wahrnahm. Beide Großeltern vermittelten mir Zugehörigkeit, interessierten sich für mich und liebten mich so, wie ich eben war. In der großen Schar der Enkel und Enkelinnen schien ich eine besondere Position einzunehmen, was ich, der ansonsten stets im Mittelfeld von allem stand, erstaunt und erfreut zur Kenntnis nahm. Die friedlichen und lieben Großeltern brachten mich auch mit meinen eigenen guten Eigenschaften in Verbindung. Die Angst, so zu werden wie der gewalttätige Elternteil, dem man genetisch doch immerhin zur Hälfte entspricht, treibt wohl manche Kinder um, die in destruktiven Verhältnissen aufwachsen. In manchen Fällen setzt sich das Schlechte wie von allein und gedankenlos fort, man gibt weiter, was man selbst erdulden musste und so kumuliert das Böse über Generationen hinweg. Andere wehren sich erfolgreich, durchbrechen die Negativspirale mit großem persönlichen Einsatz. Ich wollte nie so werden wie mein Vater. Diesen Vorsatz verfolgte ich später auf meine Art und Weise. Mein Bedürfnis, in Frieden und Harmonie zu leben, führte rückblickend auch dazu, dass ich Konflikten und Streitigkeiten aus dem Weg ging, mich zudem um andere sorgte, ihnen Gutes und Anerkennung zukommen ließ, ihre Bedürfnisse für wichtiger hielt als meine eigenen und kommentarlos viel einsteckte. Von mir selbst sprach ich jahrzehntelang nur in der dritten Person. Das Wort „Ich“ sprach ich zum ersten Mal aus, nachdem ich einen Nervenzusammenbruch erlitten hatte und psychotherapeutische Hilfe beanspruchte. Heute weiß ich, dass man lernen muss, für sich selbst einzustehen, weil alles andere in eine Sackgasse führt, in der es fast zwangsläufig zu einer persönlichen Karambolage kommen wird.

Wie auch immer: Aggressives Verhalten war mir nicht nur verhasst und fremd, ich musste gegen die damit verbundenen schlechten Eigenschaften auch nicht ankämpfen. Das nahm ich mit zunehmendem Alter bewusst wahr und als wir mit dem Luftgewehr in der Siedlung unterwegs waren, sperrten wir das umliegende Gebiet zuvor pflichtbewusst ab. Das verhinderte leider nicht, dass ein toter Vogel vom Himmel fiel, worauf meine Kollegen und ich, ziemlich traurig, dem Tierchen ein standesgemäßes Begräbnis bescherten. Bald identifizierte ich mich mit dem mütterlichen Strang der Familie und den positiven Charakterzügen, die ich an den Großeltern, aber auch an meiner fleißigen und sparsamen Mutter wahrnahm. Zwar geriet das Verhältnis zu Yvette später in negative Bahnen, doch grundsätzlich – so bin ich heute überzeugt – leistete sie viel Gutes und die Fehler, wenn man diese so nennen will, ergaben sich aus privaten Situationen, in denen sie im Windschatten ihrer Männer stand. Den Halt, den ich in meinen Großeltern fand, erwies sich auch in den folgenden Jahren als besonders wertvoll und wichtig und doch konnten sie mich nicht vor allem bewahren, denn es kam, wie es kommen musste: Meine junge Mutter ging erneut eine Partnerschaft ein. Es handelte sich um jenen Mann, der uns einmal – Leo randalierte und tobte – in einer Nacht-und-Nebel-Aktion aus der Wohnung befreit hatte. Ich erkannte in ihm aber auch den Nachbarn vom Campingplatz. Genau wie mein Vater verließ er ein warmes Nest, um in das nächste zu wechseln und ließ Kinder und Frau, ohne mit der Wimper zu zucken, zurück. Auch er war zehn Jahre älter als Yvette und stammte: aus Zürich! Dieser Umstand war im Kanton Aargau ungefähr so exotisch, wie wenn er sich die Haare grün gefärbt hätte. Den Zürchern wurde Arroganz nachgesagt. „Die halten sich für etwas Besseres" war ein häufiger Satz, der in unserer Siedlung zu hören war. Fredy erfüllte dieses Vorurteil in jeder Hinsicht. Er besaß ein eigenes Malergeschäft, prahlte bei jeder Gelegenheit damit, in Amerika gelebt zu haben und obwohl er schnell bei uns einzog und sich dauerhaft in unserer Wohnung einquartierte, behielt er seine Zürcher Autonummer, was für mich so viel bedeutete wie: Er will keiner von uns sein. Die Tatsache, dass er sich in der Gemeinde nicht anmeldete, erzürnte mich in Teenagerjahren, worauf ich ihm sogar drohte, ihn anzuzeigen. Seine Anwesenheit missfiel mir aus verschiedenen Gründen. Erstens: Ein Mann im Haus barg das Risiko, dass bald wieder die alten Zustände herrschten. Zweitens: Er war mir grundsätzlich unsympathisch, insbesondere wenn er ausgestreckt auf unserem Sofa lag und den Satz sprach: „Yvette, drück das Knöpfchen", was bedeutete, er wollte einen Kaffee aus der Maschine, den sie ihm servieren sollte. Ich reagierte auf solches Verhalten allergisch, sah darin Dominanz, die mir unbehaglich war. Meine jüngeren Schwestern akzeptierten ihn als Vaterersatz, doch ich wehrte mich vehement, stellte mich ihm entgegen, befolgte seine Anweisungen nicht und seine Versuche, die Wogen zu glätten und sich in die Familie zu integrieren, fielen bei mir nicht auf fruchtbaren Boden. Einmal unternahmen wir als „Familie" einen Ausflug in den Schwarzwald. Einmal schenkte er mir ein schön gearbeitetes Schachbrett, das bestimmt nicht billig gewesen war. Für mich blieb er ein fremder Mann, ein Eindringling, der uns beherrschen wollte. Der Zusammenhalt zwischen Mutter, meinen Schwestern und mir, den wir als eingeschworene Gruppe im Kampf gegen Leo unter Beweis stellten, was zu einer Einigkeit führte, die bestehen blieb, nachdem unser Widersacher endlich das Feld geräumt hatte, wurde durch Fredy gesprengt oder vielmehr für immer verändert. Ich trat in ein Konkurrenzverhältnis mit ihm, zettelte einen Kampf an, den ich als heranwachsender Jüngling zu gewinnen glaubte, hatte die Rechnung jedoch ohne meine Mutter gemacht, die sich ohne Wenn und Aber immer auf die Seite ihres neuen Partners schlug. Gleichzeitig ermahnte sie mich zigfach, dankbarer zu sein. „Er macht so viel für uns." Außer dass es finanziell nun besser zu gehen schien, fielen mir keine positiven Veränderungen auf, ganz im Gegenteil, und dankbar wollte ich auch nicht sein, obwohl ich nun im Besitz einer Kostbarkeit war, die mir Yvette und Fredy geschenkt hatten: einen kleinen Koffer-Plattenspieler, auf dessen Plattenteller sich nun pausenlos meine erste LP mit deutschen Hits drehte.

Die meisten Kameraden aus der Siedlung waren jetzt keine Kinder mehr, jedoch auch noch keine Jugendliche: ein diffuser Zustand, der für Veränderungen sorgte. Das aktive Leben draußen, die Spiele und Streiche, die schier grenzenlose Freiheit und auch der Zusammenhalt und das Wohlwollen untereinander wurden weniger. Einmal überwältigten mich zwei ehemalige Kollegen, fesselten mich an einen Baum und zückten ein Messer. Entsetzen und kalte Angst ergriffen mich, als der Anführer aus einiger Distanz mit dem Messer auf mich zielte. Die Waffe drang, nur wenige Zentimeter von meinem Körper entfernt, in den Baumstamm, eine Aktion, die sie grausam wiederholten. Ich fühlte mich machtlos und ausgeliefert. Ein Zustand, der auch zu Hause zu einer Tatsache wurde. In den frühen Morgenstunden trug ich Zeitungen aus und finanzierte mir mit diesem *Zustupf* die wöchentlich erscheinende deutsche Jugendzeitschrift „Bravo". Bald hing ein kompletter „Star-Schnitt" an meiner Wand im Kinderzimmer, den ich stundenlang anstarrte. War Fredy anwesend, durfte ich mein Zimmer bald nur noch verlassen, wenn ich die Toilette aufsuchen musste. Ich empfand ihn weiterhin als unerwünschte Person in meinem Leben, ein Umstand, der ihn nicht zu einem vernünftigen Gespräch verleitete, sondern dazu animierte, mich mit zahlreichen Provokationen auf meinen untergeordneten Platz zu verweisen. Ich verhielt mich zunehmend renitent und rebellisch. Es war ein Teufelskreis und mein Wunsch, dass Mutter ein einziges Mal für mich Partei ergreifen möge, erfüllte sich nicht. Im Gegenteil: Sie tat, wie ihr geheißen wurde, hatte sich für ihre Zukunft entschieden und war bereit, ihren Sohn zu opfern. Der Satz „Yvette, schick deinen Herrn Sohn in sein Zimmer“ wurde zum geflügelten Wort, zu einem Befehl, dem ich mich vorwiegend im Winter und bei schlechter Witterung nicht entziehen konnte, indem ich ins Freie ging. Bald verbrachte ich Stunden, Tage und zusammengezählt viele Wochen allein in meinem Zimmer. Man entfernte das unliebsame Subjekt. Man schloss mich aus dem Familienverbund aus. Während die anderen im Wohnzimmer redeten und lachten und Fredy ausgestreckt auf dem Sofa lag, derweil sich die weiblichen Mitglieder der Familie mit wenig Platz begnügen mussten, wurde das Alleinsein zu meiner Welt. Ich las Bücher und erfand Spiele, die mich stundenlang beschäftigten. Doch immer öfters saß ich auch einfach auf dem Stuhl. Untätig, sprachlos und wie gelähmt. Ein Schleier, der sich als eiserner Vorhang entpuppte, legte sich über mich, während sich eine riesige Leere in mir ausbreitete und gleichzeitig empfand ich mein Sein als schwebenden Zustand, bei dem mir die Bodenhaftung abhandenkam. Die Zeit verging nicht. Die Stunden zogen sich endlos in die Länge. Meine Gefühle nahm ich in diesem Zustand nur schlecht wahr. In jeder Hinsicht taub und sprachlos gemacht, wurde meine Abneigung gegenüber dem Verursacher meiner Qualen grenzenlos. Als ich bei einer seltenen Gelegenheit mit den anderen zusammen einen Film ansehen durfte, war mir der Anblick von Fredy schlicht unerträglich. Seine Faulheit, seine Rücksichtslosigkeit, die sich auch darin zeigte, dass er in der Wohnung wie ein Bürstenbinder rauchte, die Art und Weise, wie er sich als Oberhaupt aufspielte: Ich hielt mir zwei Stunden lang die Hand vor jenes Auge, das ihm aus diesem Winkel ausgesetzt war. Bald sprach ich in seiner Anwesenheit kein einziges Wort mehr. Ich trat in einen Redestreik, weil mir aneinandergereihte Wörter sinnlos erschienen. Die beiden waren wütend und einmal mehr hieß es: „Der ist nicht richtig im Kopf.“ In einem Anfall von pädagogischer Weitsicht oder weil man sich von dieser Aktion das Abwälzen aller Probleme auf eine andere Person versprach, hieß es eines Tages: „Du gehst zur Psychologin und kannst ihr alles erzählen, was dich bedrückt.“ Ich war noch minderjährig, ein Umstand, der ausgenutzt wurde, indem sich Mutter und die Fachfrau hinter meinem Rücken austauschten. Ich bemerkte es, weil Yvette einen Satz sprach, den ich ihr gegenüber noch nie geäußert hatte, und ab diesem Zeitpunkt sprach ich auch mit der Psychologin kein Wort mehr. Ich starb nicht, ich brachte mich nicht um, ich wurde nicht kriminell, sondern mogelte mich weiterhin durch das Leben, während Yvette die unbeschwerte Seite ihres Lebens genoss. Die beiden verreisten in die Ferien: nach Kreta. Sie gingen tanzen. Er kaufte ihr ein neues Kleid. Mutter war zufrieden und glücklicher, als ich sie jemals erlebt hatte. Ich gönnte ihr alles Gute. Doch es fand zu meinem Nachteil statt.

JUNG SEIN

Etwas erleben, auf den Putz hauen: Solche Ankündigungen und Wünsche äußerten wir, im Teenageralter angelangt, nun häufig. Doch passiert ist nie etwas. Manche Kollegen aus der Siedlung waren, genau wie ich, in der Jungwacht. Ein unschuldiger Freiraum, den wir einmal pro Woche auch am Abend nutzten. In der Zwischenzeit war ich Leiter, hatte eine Gruppe übernommen, agierte als Vorbild. In der Freizeit trafen wir uns in den Lokalitäten der katholischen Kirche und dort in einem mit Holz verkleideten, fensterlosen Raum, während wir uns den Samstagabend auf dem Kirchplatz um die Ohren schlugen. So friedlich und harmlos blieb es mit zunehmendem Alter aber nicht. Sechzehnjährig, brauste ich mit einem Töff durch die Nacht und fast alles war mir egal. Zwei Schneemänner, die wir auf die Bahngleise stellten, verursachten einen beachtlichen Schaden am Zug. Die Polizeimeldung in der Zeitung suchte nach zwei Tätern, die im Schnee Abdrücke von der Schuhgröße 39 und 41 hinterlassen hatten. Ich war so schlau gewesen, in den Fußstapfen der anderen in die Siedlung zurückzulaufen.

Erst Jahre später konnten wir unseren Aktionsradius endlich erweitern. Der VW-Käfer eines Kollegen brachte uns nach Deutschland, in die Diskothek. Mit von der Partie war auch ein bunter Vogel aus der Siedlung. Fabian trug hellblaue Latzhosen, dazu weiße Rollkragenpullover und passende Gürtel. Er besaß diese Ausstattung in verschiedenen Farbkombinationen, die er mit wagemutigen Kopfbedeckungen und schrulligen Militärmänteln kombinierte. Er repräsentiere den Gipfel an Extravaganz und verbreitete in unseren Kreisen mit seinem Look fast so viel Rebellentum wie die Jugendlichen in Zürich, die sich noch immer Straßenschlachten mit der Polizei lieferten und für ein autonomes Jugendzentrum kämpften. Auf Fotografien bin ich als schlanker Jüngling mit blauen Augen und wildem Lockenschopf zu sehen. Jeans, Schnürstiefel und Parka entsprachen meiner kühnsten Vorstellung von modischem Stil. Ich sah nicht schlecht aus und im schummrigen Licht der „Oase" – aus den Lautsprechern klangen Pink Floyd oder Santana – durfte ich manches Mädchen im Arm halten. Die Außenwelt zu verlassen, einfach wegzufahren, neue Eindrücke zu sammeln, abgelenkt zu sein, erschien mir als wunderbares Privileg. Gleichzeitig fiel mir die Rückkehr in die bedrückenden Verhältnisse unserer Wohnung immer schwerer. Ich zögerte diesen Moment so lange als möglich hinaus und wenn ich am Wochenende über den Balkon in unsere Wohnung kletterte, brannte in den übrigen Wohnungen meist kein einziges Licht mehr.

Doch ich greife vor: Das letzte Schuljahr brachte ich gut hinter mich, kam mit wenigen Stunden zu Top-Noten, setzte mir Ziele und schaffte es, diese zu erreichen. Das Weltall interessierte mich. Das Sonnensystem. Der Mond und die Sterne. Der Übertritt in eine höhere Stufe wäre möglich gewesen, ein besserer Schulabschluss auch. Doch auf die elterliche Unterstützung musste ich verzichten und als es um eine mögliche Berufswahl ging, orientierte ich mich an meinem angestammten sozialen Milieu und an einem Bericht, den ich in der „Bravo" gelesen hatte. Ein Junge mit weißer Schürze und mehligen Händen war zu sehen. Teiglinge lagen vor ihm und auf dem nächsten Bild zog er knusprige Brote aus einem riesigen Ofen. Verzierte Torten, Gebäck und pinkfarbene Patisserie: Der Beruf als Bäcker/Konditor war kreativ und konjunkturunabhängig! Träume oder Hoffnungen von einer anderen Zukunft hegte ich nicht. Meine Menschenfreundlichkeit, die mich für einen sozialen Beruf prädestiniert hätte, erkannte niemand und eine Lehrstelle war schnell gefunden. Fiel Mehl zu Boden, mussten wir es zusammenwischen und wiederverwenden. Der Chef war ein weiterer Tyrann in meinem Leben, den ich ablehnte. Abermals musste ich gehorchen, war mutwilligen Ausbrüchen und unberechenbaren Aktionen ausgesetzt. Zu Hause begann ich, mich indes zu wehren. Älter und kräftiger, ließ ich mich nicht mehr widerstandslos ins Kinderzimmer verbannen und: Ich entwickelte das dringende Bedürfnis, den Partner meiner Mutter zu schlagen. Gefühle der grenzenlosen Wut hatten sich bisher eher gegen mich selbst gerichtet, doch nun geriet ich während eines Wortgefechts außer mir und wollte Fredy einen heftigen Schlag versetzen. Diesen wehrte er ab und ging sofort auf mich los. Kratz- und Würgespuren am Hals waren sichtbar, als ich am nächsten Tag pünktlich bei der Arbeit erschien. Man sprach mich auf die Verletzungen an, ich winkte ab und kehrte am Abend in die eigenen vier Wände zurück, konnte weder aus der Isolation noch aus der Einsamkeit ausbrechen und meine Versuche, indirekt auf mich aufmerksam zu machen, jedoch auch gravierende Zwischenfälle, wurden weiterhin ignoriert. In dieser Zeit ereignete sich ein schwerwiegender Vorfall, der mich beinahe das Leben kostete. Seit einigen Jahren engagierte ich mich bei der Jungwacht und war dabei, wie erwähnt, im Leiterteam. An diesem heißen und sonnigen Wochenende, das wir auf der französischen Dordogne verbringen wollten, gab es einen Plan: Der Zusammenhalt unter den Leitern sollte gestärkt werden und demzufolge bildeten wir zwei Teams, die je ein Floß bauen mussten. Mit diesen wollten wir den ziehenden Fluss bezwingen, um danach auf einer kleinen Insel anzulegen und dort die Nacht zu verbringen. Warum die Entscheidung getroffen wurde, dass eine ausschließlich starke und eine ausschließlich schwache Gruppe den Aufgaben nachzukommen hatte, weiß ich nicht mehr. Die Bauarbeiten gingen flott voran. Alles wurde mit Seilen zusammengebunden. Auf beiden Seiten brachten wir blaue Plastikfässer an, die einerseits der Stabilisierung des Gefährts dienten und andererseits unsere Habseligkeiten bargen. Die Fahrt auf dem Fluss war wunderbar und verlief problemlos. Am Abend fuhren wir den Ankerplatz an, was dem stärkeren Team ohne Probleme gelang. Auf meinem Floß erwies sich das Unterfangen als problematisch und fast sofort auch als sehr gefährlich, denn wir gerieten in eine Strömung und kenterten. Die Mitglieder des starken Teams, die eine solche Situation hätten bewältigen können, befanden sich bereits an Land, ebenso wie einige meiner Kameraden, die sich schwimmend und an Ästen festklammernd in Sicherheit bringen konnten. Ich verschwand in den Fluten, klammerte mich an eines der Fässer, worauf ich unter Wasser gespült wurde, mich nicht befreien konnte und eine halbe Stunde lang verzweifelt um mein Leben kämpfte. Ich verspürte Todesangst, unterbewusst aber auch Trauer darüber, dass mein Leben keine Chance auf Besserung erhalten würde, ich die Eigenständigkeit nicht austesten könnte, Glück und Liebe niemals erfahren würde, mein Leben in den Fluten eines fremden Flusses, weitab der Heimat enden würde. Die lang dauernde Panik jener dreißig Minuten nisteten sich für immer in meinem System ein. Ich spürte, wie ich schwächer wurde, ich spürte das nahende Ende, gegen das ich mich in der nächsten Sekunde abermals vehement zur Wehr setzte. Am Schluss bleibt die Hoffnungslosigkeit oder vielmehr die Hoffnung, dass es schnell gehen wird, doch dieses Gefühl nahm ich damals nicht wahr und was mich später bisweilen als intensive Angst begleitete, dass überall versteckte Gefahren lauern, die, aus dem Nichts heraus, den Tod bedeuten können, hat rückblickend vielleicht mit dieser völlig überraschenden Situation zu tun, die aus einem unbeschwerten Aufenthalt, an einem sonnigen und sorglosen Tag, eine Katastrophe gemacht hatte. Nach einer Ewigkeit gelang mir die Befreiung und ich konnte mit letzter Kraft an Land schwimmen. Die folgenden Stunden erschienen mir wie eine Wiedergeburt. Das knisternde Feuer, an dem ich mich wärmte und die tröstenden Stimmen meiner Kameraden taten mir gut. Dass ich nicht in einem Sarg in die Heimat zurückkehrte, war ein regelrechtes Wunder und vielleicht sogar ein Zeichen von oben: Offenbar war mein Leben wertvoller als bisher gedacht. Wieder zu Hause, erzählt ich Mutter und Fredy von diesem schrecklichen Erlebnis. Sie verharmlosten meine Angst, nahmen mein Unglück nicht ernst. Was heute mit ziemlicher Sicherheit als traumatische Erfahrung qualifiziert würde, tat mein Umfeld als unwichtige Episode ab, die keine weitere Beachtung verdient, und so verhielt es sich mit vielen anderen Begebenheiten, bei denen ich mich nach Fürsorge und Respekt sehnte. Unzählige Schreckensereignisse kommen mir heute in den Sinn, denen man mich in jungen Jahren willkürlich aussetzte oder, wenn es nicht so war, meine Gefühle und somit mich selbst als unwichtig beurteilte: Als ein kleines Mädchen aus der Nachbarschaft den ersten Tag ihrer Einschulung nicht überlebte, weil es bei uns in der Siedlung von einem Lastwagen überrollt wurde, besprach man das furchtbare Ereignis am Mittagstisch, doch meine ängstlichen Fragen blieben unbeantwortet. Als ich mich umbringen wollte, fragte man nicht nach den Gründen, sondern befand mich für unfähig, dieses Anliegen in die Tat umzusetzen. Als ich mich durch einen Einbrecher bedroht fühlte, vom Baum fiel oder man mit Messern auf mich zielte, wurde mein Schmerz ignoriert und meine Glaubwürdigkeit in Zweifel gezogen.

Das Leben ging auch nach dem Unfall auf der Dordogne einfach weiter. Ich ging ebenfalls zur Tagesordnung über, kämpfte mich durch, wollte unbedingt den Lehrabschluss machen, doch dann bereitete eine schwere Mehlallergie diesem Ansinnen ein Ende. Mutter sah mich jetzt als Hilfsarbeiter, der die Züge reinigt. Ich wollte Postbeamter werden und setzte mich schließlich durch. Mit diesem Beruf, in dem Sorgfalt und Verantwortungsbewusstsein eine große Rolle spielen, verband ich auch den Aufenthalt in der Natur, den Kontakt zu Menschen, wirtschaftliche Unabhängigkeit sowie finanzielle Sicherheit.

Die AHV (Alters- und Hinterlassenenversicherung) wurde noch an der Haustüre ausbezahlt. Ich lief bereits als Lehrling mit vierzigtausend Franken durch die Gegend, wurde zu einer Vertrauensperson. Der routinierte und genau strukturierte Alltag erwies sich als Trost und erfüllte mein großes Bedürfnis nach Ordnung und Ruhe. Sortieren, ordnen, verteilen: Ich erledigte alles pflichtbewusst und zur vollen Zufriedenheit meiner Vorgesetzten, von denen manche von altem Schrot und Korn waren, keine Widerrede duldeten und bereits bei einem kleinen Spaß ihre Autorität in Gefahr sahen. Mit diesen Zeitgenossen, die humorlos und streng, jedoch nicht ungerecht oder jähzornig waren, kutschierte ich gut, war mir wohl meiner untergeordneten Rolle als „Stift“ bewusst und versuchte, mich auf das Positive zu konzentrieren.

Die Lehre schloss ich neunzehnjährig ab und zog fast sofort von zu Hause aus. Bereits während der Ausbildung ging ich den Eltern, so gut es ging, aus dem Weg, was zu einer gewissen Entspannung zwischen dem verhassten Partner meiner Mutter und mir führte. Nun räumte ich das Feld ganz, nicht ohne zwiespältige Gefühle meiner Mutter gegenüber, ein Umstand, der unsere weitere Beziehung negativ prägen sollte. Meine eigenen vier Wände befanden sich in einem Dachstock, in einem kleinen Dorf im Kanton Aargau. Das erste Mal in meinem Leben hätte ich tun und lassen können, was ich wollte, doch ich bewegte mich vorerst in einem engen Korsett: Nach der Arbeit kehrte ich ohne Verzug nach Hause zurück, wählte eine Art von Einsamkeit, die mich unterbewusst wohl mit den schweigenden Zuständen meines Kinderzimmers in Verbindung brachte und mir irgendeine Form von Halt zu vermitteln schien. Ich tat nichts. Ich igelte mich ein, verließ meine spartanisch eingerichtete Bleibe auch an sonnigen Wochenenden nicht. Einen Fernseher besaß ich nicht. Ich ging dazu über, jede Woche einen Jerry-Cotton-Roman zu lesen. Die Kriminalgeschichten nahmen mich gefangen und was andere Schundliteratur nennen, versetzte mich – und wohl auch die übrigen achthundertfünfzig Millionen Leser weltweit – in ein sicheres Universum, in dem das Gute bis ins Jahr 2019 3263 Mal in Serie siegte. So zogen Monate ins Land, bevor ich mich mit einem Trick aus meiner Isolation befreien konnte. Mit der Anschaffung eines alten, schweren Motorrades begann ich, die Schweiz und dann die Welt zu erkundigen. Zusammen mit Kollegen fuhren wir bis nach Frankreich und Spanien, übernachteten auf Zeltplätzen oder unter dem freien Himmel. Bald wurde uns der samstägliche Besuch der „Haifischbar" fast so heilig wie das Amen in der Kirche. In der Nähe des Zürcher Niederdorfes gelegen, tanzten in diesem Nightclub leicht geschürzte und überall glitzernde Frauen auf der Bühne, während wir staunend an der Bar saßen und eine Cola tranken. Bald hieß es beim Anblick meiner beiden Kollegen und mir: Die drei Eisheiligen sind wieder da! Wir trotzten allen Annäherungsversuchen standhaft. Unverrichteter Dinge zottelten wir zwei Stunden später wieder ab und was uns eine Woche später erneut in den vermeintlichen Sündenpfuhl zog, wussten wir nicht so recht.

FAMILIENBANDE

Nach der Scheidung der Eltern legte ich den rund vierzig Minuten dauernden Weg zu den Großeltern mit dem Fahrrad zurück. Später fuhr ich mit dem Töffli, das ich mir mit dem Lehrlingslohn zusammengespart hatte, und nun mit dem Motorrad zu jenen, die vom neuen Partner meiner Mutter genauso wenig begeistert waren wie ich. Das gemütliche Haus blieb in meinem jungen Erwachsenenleben ein Refugium mit Menschen, die ebenso friedfertig waren wie ich. Auf der gegenüberliegenden Straßenseite lag Großvaters Garten, der bis zur Bahnlinie reichte. Dort war er häufig anzutreffen, während Großmutter für Behaglichkeit im Haus sorgte. Sie hatte zehn Kinder geboren und einen Sohn unter tragischen Umständen verloren. Zwölfjährig ertrank er in der Reuss und es dauerte ein quälendes halbes Jahr lang, bis sein Leichnam gefunden wurde. Höhen und Tiefen standen die beiden zusammen durch und gemeinsam bauten die Eheleute verschiedene Häuser. Das Leben spielte sich in der altmodischen Küche ab, die im Stil der 1970er-Jahre jene orange-braune Gemütlichkeit atmete, von denen heutige Küchen-Monumente in Stahl und Marmor weit entfernt sind. Der Eichenholztisch war groß, die Eckbank gepolstert und der Kaffee stammte nicht aus der vollautomatischen Espresso-Maschine, sondern wurde als Pulver zusammen mit Wasser in einer Pfanne erhitzt. Die Milch wurde ebenfalls auf dem altmodischen Herd erwärmt und, zusammengegossen, verbreitete sich in der Wohnung ein unvergleichlicher Mokka-Duft. Punkt 15 Uhr wurde das Getränk zusammen mit einer Süßigkeit serviert, die Großvater liebte und die ich nun häufig mitbrachte: mit Vanille-Creme gefüllte, knusprige Blätterteig-Taschen. Beide Genüsse führten dazu, dass man sich, egal, wie garstig das Leben gerade verlief, augenblicklich getröstet fühlte. Am Küchentisch spielten wir stundenlang Karten. Als ich Großvater einen schönen Jass-Teppich schenkte, versah Großmutter diesen mit goldfarbenen Ringen und hängte das gute

Stück in meiner Abwesenheit an die Wand. Sie vermittelten mir Respekt und Zugehörigkeit und, auch ohne Umarmungen und Liebkosungen, jene Zuneigung, nach der ich mich sehnte. Meist waren Tanten, Onkel und einige der neunzehn Enkel und Enkelinnen im gastfreundlichen Haus anwesend. Die Großeltern waren großzügig, verwöhnten alle kulinarisch und zum Geburtstag erhielt jeder und jede eine Hundert-Franken-Note geschenkt. Bald wurde mir klar, dass einige Familienmitglieder nur an ihrem Geburtstag bei Silvia und Köbi auftauchten. Um auf keinen Fall einen falschen Eindruck zu erwecken, blieb ich dem Haus an meinem Geburtstag künftig fern. Eine andere Erinnerung verbindet mich mit einer Geburtstagsüberraschung, die die ganze Familie dem Großvater bereitete. Für ihn, der noch niemals in einem Flugzeug gesessen hatte, war die Reise nach Genf ein großes Erlebnis. Die übrige Familie – über dreißig Personen – fuhr im Zug in die französische Schweiz, nahm ihn dort in Empfang und danach gelangten wir mit dem Zug nach Gstaad und verbrachten dort einen unvergesslichen Tag. Ich blieb in engem Kontakt mit beiden und als ich meine erste eigene Wohnung besaß, rief mich Großmutter regelmäßig an: „Komm vorbei, ich habe deine Lieblingsspeise zubereitet." Ich wusste, dass mich das beste *Birchermüesli* der Welt erwartet und war wenig später bei ihnen. Als Großvater im Jahr 1997 starb, befand ich mich nur fünf Minuten von ihm entfernt, doch ich ahnte nichts und als mich Großmutter endlich erreichte, hatte sie zuvor doch unzählige Male eine alte Telefonnummer gewählt, war ich am Boden zerstört. Zwei Wochen zuvor hatte ich die beiden besucht. Wie immer waren einige Leute anwesend, so dass ich Großvater nicht sofort vermisste. Sie ließ mich wissen, er sei im Krankenhaus, man wisse nicht genau, was ihm fehle. Die Ungewissheit hielt ich nicht lange aus, besuchte ihn im Kantonsspital. Zum ersten Mal in meinem Leben waren wir beide allein. Er trug einen Pyjama, befand allerdings, er wolle ein Hemd anziehen, damit wir in der Cafeteria etwas trinken könnten. Die Knöpfe zu schließen war ihm nicht mehr möglich, ich eilte ihm zu Hilfe, stand ihm körperlich so nah wie nie zuvor, berührte ihn.

Im grellen Licht des Restaurants sitzend, erzählte er, wenn er aus dem Spital komme, wolle er noch etwas erleben. Ein Reisli machen. Das Leben genießen. Solche Worte hatte er zuvor noch nie gesprochen und als ich ihn ins Zimmer zurückbrachte, wollte er sich nicht ins Bett legen, sondern aufrecht im Sessel sitzen. Wir verabschiedeten uns. Ich blickte nochmals zurück und sehe ihn noch heute vor mir: ein gütiger Mann, in einem hellblauen Hemd, der noch einiges vorhatte. Im Gang traf ich auf eine Pflegefachfrau und bat diese, gut für meinen Großvater zu sorgen. Bald durfte er nach Hause zurückkehren, starb jedoch nur einen Tag später. Ausgerechnet in einer Woche, in der ich die Großeltern ausnahmsweise nicht besucht hatte. Die Umstände, die zu seinem Tod führten, blieben unklar, man sprach nicht darüber, wich dem Thema aus. Er fehlt mir bis zum heutigen Tag. An seinem Grab stehe ich regelmäßig, spreche mit ihm, erzähle ihm, was in meinem Leben gerade geschieht und bin ihm dankbar für all das Gute, das er mir angedeihen ließ. Ich habe ihn geliebt. Doch habe ich dieses Gefühl nie formuliert, was mich mit Bedauern erfüllt, jedoch auch mit der Hoffnung, dass er meine Zuneigung zu Lebzeiten gespürt hat. Mein „Grosi" besuchte ich nach seinem Tod weiterhin regelmäßig. Als sie im Jahr 2000 starb, verkauften die verbliebenen neun Geschwister das Haus, mit dem mich so viele Erinnerungen verbanden.

Fast sofort fühlte ich einen Mangel an Schutz und Sicherheit, den mir die Großeltern stets vermittelt hatten. Jene, die ich liebte, waren nicht mehr da und den Kontakt zu meiner übrigen Familie brach ich irgendwann ab. Freunde kann man sich aussuchen, die Familie nicht, denn man wird in sie hineingeboren. Ich wuchs in der Annahme auf, dass man mit der Familie niemals brechen darf. Das wurde mir immer wieder gesagt. Doch bei uns war so viel geschehen, dass ich diesen Grundsatz eines späten Tages trotzdem über Bord warf. An meinem vierzigsten Geburtstag gab es ein Schlüsselerlebnis. Zu einem Fest, das ich organisierte, lud ich Mutter ein, allerdings unter der Bedingung, dass sie ohne ihren Ehemann erscheint. Diesen Kompromiss wollte sie nicht eingehen und rechtfertigte ihr Fernbleiben – trotz Sohn und Tochter samt

Enkelkinder, die anwesend waren – mit dem Argument, sie kenne niemanden. Auf meinen Satz „Du hast übrigens nicht nur an seinem Geburtstag einen Sohn“ erhielt ich nie eine Antwort. Oder doch? Einmal lag an meinem Geburtstag, kommentarlos, eine Hundert-Franken-Note im Briefkasten. Mutter wollte vielleicht die Tradition der Großeltern weiterführen, doch bei mir kam das nicht gut an. Ich war sauer, befand mich für nicht käuflich und retournierte den Geldbetrag ohne Kommentar. Bis ich bei meiner älteren Schwester den Schlussstrich zog, sollte es noch Jahre dauern, doch ihre Aktionen irritierten mich schon seit längerem, versuchte sie doch unter anderem, über meine Partnerin, Doris, die Familienbande neu zu knüpfen. Auch das Verhalten meiner jüngeren Schwester empfand ich als nicht tolerierbar: Als entfernte australische Verwandte zu Besuch in der Schweiz waren, erzählte sie diesen aus dem Nichts heraus, dass ich keinen Kontakt zu den Schwestern, Mutter und Fredy wünsche und sie allesamt keine Ahnung hätten, warum das so sei. Ich hatte immer das Gefühl, dass ich auf meine Familie zugehen muss, in der man sich auf den Standpunkt stellte, es sei doch alles in bester Ordnung, nur ich verhalte mich unnachgiebig und nachtragend. Dieses Verhalten – zu schweigen und zu meinen, die Probleme lösen sich von allein – hat in meiner Familie, wie erwähnt, Tradition und auf die Idee, dass man den Verletzungen aus der Vergangenheit mit Gesprächen auf den Grund gehen könnte, kam niemand. In der Familie wurde nicht geredet, anderswo wurde mein Verhalten aber offenbar diskutiert. Einmal ließ mich ein ehemaliger Nachbar aus der Siedlung wissen, meine Mutter leide unter meiner Abwesenheit und fügte an: Er wisse, dass meine Kindheit nicht einfach gewesen sei, doch nun sei ich erwachsen und müsse Yvette und Fredy verzeihen. Ich war sprachlos. Jene, die früher wegschauten, schlüpften nun in die Rolle der Vermittler! Bei einer anderen Gelegenheit verhielt sich eine Tante von mir ähnlich und ich wurde den Eindruck nicht los, dass Mutter diese Leute für ihre Zwecke vorschickte. Die Familienverhältnisse blieben zerrüttet. Da mein Vater jeglichen Kontakt zu meinen Schwestern und mir ablehnte, kannte ich auch meine Halbgeschwister nicht.

Allerdings erfuhr ich im späteren Erwachsenenleben immer wieder von wunderlichen Zufällen von Familienangehörigen, so auch, dass sich mein Großvater väterlicherseits erschossen hatte. Und einmal, ich war spätnachts von einer Töff-Tour in Frankreich zurückgekehrt, schrillte frühmorgens das Telefon. Eine weibliche Stimme beschied mir, der Postbote habe ihre Reiseunterlagen irrtümlicherweise in meinem Postfach abgelegt. Ich anerbot mich nachzusehen und tatsächlich erwies sich ihre Vermutung als richtig, worauf ich im folgenden Gespräch herausfand, dass es sich bei der Anruferin um die erste Frau meines Vaters handelte. Eine ihrer Töchter lernte ich Jahre später kennen. Auf beinahe skurrile Art und Weise. Nach meiner zweiten Scheidung blieb ich einige Jahre allein, doch irgendwann beschloss ich, mich auf der Suche nach einer neuen Partnerin bei einer entsprechenden Plattform anzumelden, wobei Unerwartetes geschah, was einmal mehr mit einem Zufall in Verbindung stand: 2006 starb meine Lieblings-Cousine. Bei der Verabschiedung standen die Mitglieder meiner Familie wie auf einer Schnur aufgezogen, in einer geschlossenen Reihe da. Ich befand mich auf der Seite mit den Verwandten meiner Cousine. Als mir Fredy die Hand schütteln wollte, verweigerte ich ihm diese Geste. Deprimiert kehrte ich nach der Beerdigung nach Hause zurück, setzte mich an den Computer und loggte mich auf der Webseite der Vermittlung ein. Eine Annonce sprach mich an, also schrieb ich der unbekannten Frau, die zu meinem Erstaunen sofort antwortete. Einige E-Mails gingen hin und her, bevor mich ein weiteres Schreiben von Sabrina erreichte, das mich erstaunte. Da sie keine Kinder wolle, ich aber vielleicht irgendwann noch einen solchen Wunsch hegen könnte, wollte sie den Kontakt beenden, wie sie mich wissen ließ. Diese Entscheidung akzeptierte ich schweren Herzens, konnte es aber nicht lassen, sie darüber zu informieren, dass ich gerne Kinder gehabt hätte, es bei mir aber nie geklappt habe. Am nächsten Tag bimmelte mein Computer. Post von Sabrina! Im Wissen, dass wir eine Zeit lang im selben Dorf gelebt hatten, hatte sie die Initiative ergriffen, um bei der Gemeinde abzuklären, wie viele Peter Gross registriert seien, denn sie trug offenbar denselben

Nachnamen wie ich. Nun dämmerte es auch mir langsam. Bei der gegenseitigen Befragung nach dem Namen des jeweiligen Vaters lautete die Antwort bei beiden: Leo! Fazit: Partnerin gesucht – Halbschwester gefunden! Das persönliche Treffen fand noch in derselben Woche statt. Als ich am Bahnhof Stadelhofen auf sie wartete, klopfte mein Herz wilder als bei jedem Date. Die Forchbahn hielt, die Türen öffneten sich. Dutzende von Menschen stiegen aus, klein, groß, dick, dünn. Sie verteilten sich in alle Windrichtungen, schienen ihr Ziel, schnell laufend oder gemächlich schlendernd, vor Augen zu haben. Ich forschte in den Gesichtern, versuchte meine Halbschwester zu finden und dann sah ich eine mittelgroße Frau mit dunkelblonden Haaren und einem hübschen Gesicht. Wir sahen uns nicht ähnlich, doch ich wusste sofort: Sie ist es. Wir gaben uns zaghafte Küsschen auf die Wangen, fühlten uns ein wenig fremd. Vier Jahrzehnte hatten wir ohne den anderen gelebt, gelacht, geliebt, geweint und getrauert, hatten Höhen und Tiefen erlebt und waren einzig verbunden über einen Vater, mit dem auch sie schlechte Erinnerungen verband, wie ich nun erfuhr. Das Rad der Zeit lässt sich nicht einfach zurückdrehen. Im Restaurant tranken wir Kaffee, informierten einander bruchstückhaft über die eigenen Lebensgeschichten. Meine Halbschwester präsentierte mir Bilder ihrer Geschwister. Jene, von denen ich wusste, dass sie existierten, sonst nichts, nahmen nun plötzlich Gestalt an. Über jenes Kind, das ihre Mutter und unser Vater nach der Geburt zur Adoption freigaben, wusste sie nichts. Später erfuhr ich, dass dieses verstoßene Mädchen in der Nähe der Familie gelebt hatte. Ein Halbbruder, der nichts von den verwandtschaftlichen Beziehungen wusste, verliebte sich im Jugendalter in Astrid wurde von seiner Mutter, die offenbar informiert war, jedoch barsch angewiesen, diesen Kontakt sofort zu beenden. Zum Glück hatten die Nachforschungen meiner Halbschwester und meine Kombinationsgabe verhindert, dass zwischen uns eine ähnliche Situation entstehen konnte. Wir redeten lange und zum Abschied nahm sie mich in den Arm. Wie in Trance lief ich zum Hauptbahnhof und kehrte in mein Leben zurück. Eine Zeit lang blieb ich mit meiner Halbschwester in Kontakt, doch Nähe und Zusammenhalt stellten sich nicht ein und so verlief auch diese familiäre Verbindung irgendwann im Sand.

Fredy starb im Jahr 2020. Dass er im Sterben liegt, erfuhr ich von meinem Patenkind. Als mich die Todesanzeige erreichte, war ich trotzdem überfordert. Zu diesem Zeitpunkt ging es mir persönlich schlecht. Ich wandte mich an eine Vertrauensperson, die einerseits mit meiner Psychologin und andererseits mit der Klinik verbunden war, und fragte sie um Rat: Was sollte ich mit der Anzeige machen? Ich entschied mich, ein befreiendes Ritual durchzuführen und schickte sie ungeöffnet an meine Mutter zurück. Gleichzeitig ließ ich ihr einige Zeilen zukommen, in denen ich sie wissen ließ, dass ich keinen Kontakt wünsche und seither herrscht endgültig Funkstille. Sie ist nun fünfundsiebzig Jahre alt und lebt in einer Eigentumswohnung, die sie zusammen mit Fredy gekauft hatte. Ob sie immer noch einen Vierbeiner besitzt, mit dem sie im Hundeverein an diversen Veranstaltungen teilnimmt? Ich weiß es nicht. Heute sind die engsten Familienangehörigen längst Fremde geworden. Sie leben, genauso wie ich, ihre eigenen Leben. Ich finde es gut so und meine Entscheidung, dass ich nichts mehr mit ihnen zu tun haben möchte, sollte respektiert werden.

SOFIA

Doch zurück zu den jungen Jahren: Ein Konzept von der Liebe hatte ich nicht, wie eine gute Beziehung funktioniert, wusste ich nicht. Gab es in unserer nahen und fernen Familie unter Paaren Streit, war die Konsequenz meist, dass sich die Konflikte, der Schmerz und das Unverständnis einfach vergrößerten und man sich ohne den Versuch, eine Besserung zu erreichen, scheiden ließ. Dieses Verhalten erschien mir falsch und für mich selbst sah ich eine andere Zukunft mit der Frau, die ich dereinst lieben würde: in guten wie in schlechten Zeiten. Für immer und ewig. In der Zwischenzeit, ich war jetzt zweiundzwanzig Jahre alt, arbeitete ich als Postbeamter in sicherer und guter Stellung. An diesem Sonntag hatte ich Dienst. Die Bedienung der Postfachanlage, das Vorsortieren der Briefe und das Einladen der Postsäcke für den Transport mit dem Zug gehörten unter anderem zu meinen Aufgaben. Sofia arbeitete an Werktagen als Studentin aushilfsweise im Büro. Die hübsche und liebenswürdige Tochter einer Spanierin und eines Sizilianers sorgte bei meinen Arbeitskollegen für viel Aufmerksamkeit, die, meist jung und alleinstehend, um Sofias Gunst buhlten. Ich hielt mich zurück, half ihr aber bei den Abrechnungen und als Dank, so hatte sie mich wissen lassen, besuche sie mich mit einem Kuchen während der Schicht am Wochenende. Sie hielt ihr Versprechen. Ich freute mich sehr, sie zu sehen, „bestach" einen Kollegen mit dem Gebäck, damit er den Rest meiner Arbeit verrichtete, worauf Sofia und ich das Zürcher Seenacht-Fest besuchen konnten. Die Lichter des sich drehenden Riesenrades! Ihre tiefgründigen Augen! Das Feuerwerk! Die schönen Haare! Am Ende des Abends liefen wir eng umschlungen und bereits in sicheren Schritten der gemeinsamen Zukunft entgegen. An praktische Details, die der Liebe abträglich oder zuträglich sein können – familiärer Hintergrund, gemeinsame Ziele, wie man die Welt sieht –, denkt man in jungen Jahren nicht. Allein entscheiden die überschwänglichen Emotionen, ein wunderbarer, jedoch auch riskanter Zustand, wie ich heute weiß, und ein erstes Anzeichen, das mögliche Unterschiede andeutete, so wurde ich mir viele Jahre später bewusst, gab es noch in derselben Nacht. Als ich Sofia vor der Haustüre verabschiedete, küssten wir uns erneut, doch dann bog plötzlich ihr Vater – ein Sizilianer! – um die Ecke und bedachte mich mit einem mörderischen Blick. Noch nie sah ich eine Frau schneller vom Erdboden verschwinden. Am nächsten Tag, so ließ mich Sofia wissen, sei eine riesige Szene die Folge gewesen, wobei sie von ihrer Mutter in Schutz genommen worden sei. Graziella war mir augenblicklich sympathisch, allerdings wurde sie mir, je besser ich sie kennenlernen sollte, umso unsympathischer. Was ich zu diesem Zeitpunkt nicht ahnen konnte: Mit ihrer Tochter unterhielt sie eine derart enge Beziehung, dass es für einen anderen eigentlich keinen Platz gab.

Ich war auf der Suche nach einem geliebten Menschen, mit dem ich eine enge und verbindliche Beziehung führen wollte und gleichzeitig erhielt ich einen Familienclan geschenkt, was mir am Anfang wie eine glückliche Fügung des Schicksals erschien.

Graziella und Giovanni hatten fünf erwachsene Töchter, die sich allesamt noch unter ihren Fittichen befanden. Bis ich in die Familie aufgenommen wurde, sollte es ziemlich lange dauern. Doch dann war der Bann gebrochen. Ein offenes Haus, in dem es Geborgenheit, Interesse füreinander und unendliches Wohlwollen gab, hatte ich nie erlebt. Doch nun erfüllte sich dieser Traum. Es wurde gelacht, debattiert, gestritten und die Versöhnung fand fast immer sofort statt. Oft waren Verwandte anwesend. Manche Gäste kamen überraschend zu Besuch, worauf das in stundenlanger Arbeit von Sofia und ihrer Mutter zubereitete und bereits geschöpfte Essen zurück in die Töpfe gelangte und neu verteilt wurde. Bald waren wir jedes Wochenende bei ihren Eltern. Ich saß stundenlang vor dem Fernseher, während Sofia Zeit mit den Schwestern und ihrer Mutter verbrachte. Da ich kein Wort Italienisch verstand, der Vater jedoch ausschließlich und meist sehr schläfrig die Sendungen auf Rai 1 verfolgte, versuchte ich einmal, den Sender zu wechseln. Doch beim ersten deutsch gesprochenen Wort erwachte Giovanni, sofort protestierend. Am Anfang gefiel mir das enge und turbulente Familienleben, doch irgendwann hätte ich zusammen mit Sofia gerne allein etwas unternommen, wollte die karge Freizeit anders nutzen, mehr Zeit mit ihr verbringen. Doch bald fanden auch die Ferien im Familienverbund in Spanien statt, wobei wir in getrennten Zimmern schlafen mussten und wenn wir zusammen das Land erkundeten, hatten wir mindestens eine Tante im Schlepptau. Ich liebte meine Freundin für ihren sanftmütigen und ruhigen Charakter, doch dieser führte wohl auch dazu, dass sie sich ihrer Mutter nicht entgegenstellen konnte und sich auch in einer emotionalen Abhängigkeit befand, die Graziella meiner Meinung nach, unbewusst oder bewusst, ausnutzte. Immer noch schwer verliebt, riss uns nach elf Monaten zudem ein Ereignis von unserer rosaroten Wolke: Ich war gerade als Briefträger gewählt worden, als ich mich auf dem Weg in eine längere Mittagspause befand. Die Strecke legte ich mit meinem großen Motorrad zurück, fuhr mit 85 km/h außerorts korrekt, als eine Autofahrerin aus einer Seitenstraße bog, mein Tempo unterschätzte und mich touchierte. Ich flog vierzig Meter durch die Luft und prallte auf den Asphalt, wobei ein heranrasender Automobilist im letzten Moment stoppen konnte. Der komplizierte Oberschenkelbruch war eine Sache. Ich erlitt jedoch auch eine lebensgefährliche Lungenembolie und musste nach diesem Unfall lange Zeit pausieren, erforderte meine Arbeit doch körperliche Mobilität und Kraft. Was mich über alle Maßen erstaunte, war, dass meine Mutter mich im Spital besuchte, sich um mich kümmerte, besorgt war. Diesen für mich neuen Zustand genoss ich und gleichzeitig benötigte ich Hilfe im Alltag. So entschloss ich mich, ihr Angebot anzunehmen und einige Wochen zu ihr und Fredy zu ziehen. Seit meinen Teenagerjahren war Zeit verstrichen, die Gemüter hatten sich beruhigt und so bleibt mir diese vorübergehende Rückkehr in mein ehemaliges Zuhause in akzeptabler Erinnerung. Vor allem auch, weil bereits klar war, dass danach ein neuer Lebensabschnitt bevorstand, auf den ich mich unglaublich freute: Sofia und ich zogen zusammen. Sie organisierte dieses Ereignis in Abwesenheit ihrer Eltern, da alles andere zu einem südländischen Drama der besonderen Art geführt hätte. Im Alltag funktionierten wir harmonisch und beinahe symbiotisch. Ich war nicht mehr allein; es war das beste und schönste Gefühl der Welt. Da wir beide voll berufstätig waren, beschränkte sich die Freizeit auf die Wochenenden und richtig: Diese verbrachten wir weiterhin viermal pro Monat bei Graziella und Giovanni. Ich fühlte mich zunehmend eingeengt und der Gedanke, dass meine Schwiegermutter in spe vielleicht hundert Jahre alt wird und ich als siebzigjähriger Mann immer noch bei ihr auf dem Sofa sitzen muss, während Sofia weiterhin unter dem Einfluss ihrer herrischen Mutter steht, behagte mir nicht. Einerseits erfuhr ich familiären Zusammenhalt und Geborgenheit, was ich mir gewünscht hatte, doch diesen Umstand brachte ich bald auch mit Unfreiheit, Druck und Erwartungen in Zusammenhang. Ich verdiente gut, hatte eine sichere Stelle. Ich wäre gerne gereist, wollte zusammen mit meiner Liebsten das Leben und die Welt entdecken und unbeschwerte Jahre verbringen. Doch das erwies sich als Ding der Unmöglichkeit. Von Grund auf harmoniebedürftig, hatte ich nie gelernt, meine Bedürfnisse zu äußern und wie man einen Konflikt bespricht und mit vernünftigen Argumenten austrägt, wusste ich damals nicht. Ich schwieg. Und machte Sofia nach vier Jahren einen Heiratsantrag. Ich liebte sie innig, wollte mit ihr die Zukunft planen und versprach mir unterbewusst von der Ehe und dem möglichen Nachwuchs die Abnabelung von ihren engsten Familienangehörigen.

Graziella mischte sich sogar in die Hochzeitsvorbereitungen ein, diktierte uns die Gästeliste und verhielt sich wie immer besitzergreifend. Als es darum ging, dass ich meine Mutter, jedoch nicht ihren Partner einladen wollte, beschied mir Graziella, an einer Hochzeitsfeier müssten alle Familienmitglieder eingeladen werden, sprich: Ohne Fredy würde ich ihre Tochter nicht bekommen. Irgendwann saßen Sofia und ich weinend im Treppenhaus, wollten alles abblasen, zogen es dann aber trotzdem durch. Die Organisation dauerte ein Jahr lang, dann war der große Tag da. Meine Braut sah in ihrem weißen Kleid wunderschön aus. Ich trug ein knallrotes Jackett und einen bunten Kummerbund. Der London-Bus! Meine Kollegen, die zu meinem Lieblingslied von Nena Luftballons in den Himmel steigen ließen! Das Fest in der Waldhütte! Dem glücklichsten Tag sollten drei Monate folgen, die wir zum ersten Mal allein zusammen verbringen würden. Sofias gesamte Familie verabschiedete ihr Kind tränenreich am Flughafen. Bei mir war meine Mutter anwesend, sonst niemand. Als wir nach einer ewig langen Reise in Darwin landeten, nahm uns der australische Sommer sofort gefangen. Als begeisterter Hobbyfotograf hielt ich die Highlights der fantastischen Zeit fest. Die exotischen Tiere und die prachtvolle Natur im Kakadu-Nationalpark. Die beeindruckenden Felsformationen der Katherine-Gorge. Der Sonnenaufgang auf dem Ayers Rock, den man damals noch erklimmen durfte. Es waren wunderbare Wochen und Monate und ich erlebte zum ersten Mal in meinem Leben, dass Differenzen nicht zwangsläufig den Abbruch der Beziehung bedeuten müssen und auch, dass man in einer Partnerschaft Synergien nutzen und allfällige Schwächen ausgleichen kann. Ich lenkte das Auto. Sofia sprach flüssiger englisch als ich. So und in vielen anderen Bereichen ergänzten wir uns wunderbar und ihre Anrufe in die Schweiz, die sie bei vielen Gelegenheiten tätigte – an den Geburtstagen der Schwestern und Eltern, an Weihnachten und Silvester – nahm ich hin oder vielmehr lenkte ich mich jeweils mit einem Sprung ins kalte Nass eines hoteleigenen Swimmingpools ab. Nach dem Abschluss auf den Fidschi-Inseln kehrten wir als glückliches Ehepaar in die Schweiz zurück. Doch entgegen meiner Hoffnung, dass die lange Zeit der Abwesenheit Mutter und Tochter zeigte, dass das Leben auch ohne ständigen Kontakt schön sein kann, bewahrheitete sich leider nicht.

Ich war in der Zwischenzeit ein erwachsener Mann, ließ mir keine Befehle mehr erteilen, wollte mit meiner Frau ein eigenständiges Leben führen, in dem wir die wichtigsten Personen füreinander sind. Ein anderer Punkt, der zu Spannungen führte, betraf die Kinderfrage. Unverhohlen wurde uns nach einem

Jahr Ehe zu verstehen gegeben, dass es jetzt an der Zeit sei, für Enkel zu sorgen. Als könnte man einem solchen Wunsch auf Befehl nachkommen. Natürlich klappte es nicht, was zunehmend für Stress sorgte. Der Umstand, dass Graziella weiterhin an erster Stelle stand, ich immer den Kürzeren zog, führte immer öfter dazu, dass ich mich von Sofia zurückgewiesen fühlte. Ich forderte nicht klar ein, was mir wichtig war, suchte das Gespräch zu wenig. Jene Instrumente und auch die Erfahrungen, über die ich heute verfüge, standen mir damals nicht zur Verfügung und auch meine Frau war jung, unerfahren und gleichzeitig, so vermute ich heute, befand sie sich in einem ständigen Dilemma, es der Mutter, aber auch mir recht machen zu müssen. Irgendwann versuchte ich mir immerhin einen Freiraum zu schaffen, nahm nur noch einmal pro Monat an den Familien-Wochenenden teil und legte mir auf Anraten von Sofia Hobbys zu, die mich von ihrer Abwesenheit ablenken sollten. Ich trat dem Skiklub bei, unternahm Ausflüge mit dem Motorrad, engagierte mich in einer *Guggenmusik*. Mit solchen Aktivitäten bekämpfte ich das Alleinsein, während Sofia das Kind ihrer Eltern blieb und keine Partei für mich ergriff. Nach weiteren Jahren, in denen ich ausharrte und litt, traf mich die Erkenntnis, dass sich niemals etwas ändern würde, hart. Die Liebe war noch da, doch die äußeren Umstände erschienen mir in der Zwischenzeit unüberwindbar und dass meine Gefühle und meine Versuche, ohne Worte etwas zu verändern, einfach ignoriert wurden, empfand ich nun als mangelnden Respekt. Fast automatisch begann ich, mich innerlich zu distanzieren. Als wir Weihnachten 1996 mit Giovanni, Graziella und all den anderen zusammen verbrachten, wusste ich, dass es die letzte Festivität dieser Art war, an der ich teilnehmen würde.

Der Januar zog ins Land, der Himmel lag wie eine Eisenplatte über uns, als ich meiner Frau eröffnete, dass sich etwas ändern müsse. Die Trennung von Graziella forderte ich nicht, jedoch, dass wir künftig unsere eigenen Bedürfnisse in den Vordergrund stellen müssten. Die Nachricht zwischen den Zeilen war unmissverständlich: Ansonsten wollte ich die Trennung. Sie forderte mich auf, die Eigentumswohnung, die wir uns mit der finanziellen Hilfe ihrer Eltern gekauft hatten, über das Wochenende zu verlassen. Draußen herrschte bei eisigen Temperaturen Fasnachtszeit: Lärm, Musik, Heerscharen von kostümierten und grell geschminkten Menschen zogen mich in ihren Bann. Ich tauchte ab, ließ mich treiben und meine Trauer entfaltete sich erst viele Stunden später. Sie schlug mich mit voller Wucht nieder. In meiner Verzweiflung besuchte ich meine Mutter. Diese saß mit einer Kollegin zusammen, nähte Rüschen an ein Kleid, hatte keine Zeit für mich, erkundigte sich irgendwann doch, was los sei. Meine Sorgen nahm sie ungerührt hin und anstelle von Interesse und Trost schob sie eine tiefgekühlte Lasagne in den Ofen, die ich schweigend mit Rumpf und Stiel verputze, bevor ich mich wieder auf den Weg machte. Wohin? Ich fand innerhalb weniger Tage eine neue Wohnung, blieb mit Sofia in Kontakt, hoffte auf ein Einlenken. Noch einmal verbrachte ich das Wochenende in unserem ehemaligen Zuhause, merkte förmlich, wie etwas für immer zerbrach und weinte in ihrer Anwesenheit hemmungslos. Die Scheidung schien nach achteinhalb Jahren Beziehung unvermeidbar zu sein. Der Schnitt war hart und geschah schnell, als die Entscheidung gefällt worden war, auch weil alles andere für mich belastende finanzielle Konsequenzen gehabt hätte, musste ich doch nun meine neue Wohnung und meinen Anteil an der Hypothek am alten Zuhause berappen. Rückblickend betrachtet, hätte ich mich früher äußern, die Probleme diskutieren und meine Ansprüche geltend machen müssen. Das war mir damals nicht möglich. Gleichzeitig fand ich – ähnlich wie einst unsere Mutter – die Kraft, mich aus einer unguten Situation zu befreien, Verantwortung für mich selbst zu übernehmen und die negativen Konsequenzen dieses Scheiterns zu tragen.

UNGLÜCK UND GLÜCK

Meine Trauer über das Ende meiner Ehe bekämpfte ich im Jahr 1997 – ich war jetzt einunddreißig Jahre alt –, indem ich öfter eine Bar in Brugg besuchte. Mit Kollegen zusammen sein, Dart spielen und viele Stangen Bier trinken: So könnte man die dortigen Aktivitäten zusammenfassen, wobei ich meinen Alkoholkonsum bald von einem Tag auf den anderen stark reduzierte, da mir dieser als Risiko erschien, musste ich bei der Arbeit doch ein Auto lenken. Zwölf Monate zogen ins Land, als eines Tages Belinda die Bar betrat. Ihre charismatische Erscheinung füllte augenblicklich den Raum aus. Die dunklen Locken, die sprühenden Augen und ihre unglaubliche Ausstrahlung faszinierten mich augenblicklich. Was mir heute bei einer Partnerin wichtig ist, dass man ähnliche Interessen und eine verträgliche Weltanschauung pflegt und die wirtschaftliche Unabhängigkeit auf beiden Seiten gewährleistet ist, war in dieser Situation kein Thema. Ich stürzte mich in diese Liebesgeschichte, ließ mich abermals allein von meinen Gefühlen leiten und fand mich fast sofort in einer komplizierten Situation wieder. Sie hatte zwei kleine Söhne, die in einem Heim lebten. Belinda arbeitete nicht, lebte vom Sozialamt und war hoch verschuldet. Bei mir schrillten die Alarmglocken nicht. Im Gegenteil: Ich entwickelte fast sofort das große Bedürfnis, den beiden Jungen familiäre Verhältnisse bieten zu wollen. Als vom Vater verlassenes Kind erschien mir diese Aufgabe ausgesprochen wichtig, gleichzeitig, so ahne ich heute, war ich wieder einmal auf der Suche nach Zusammenhalt und Verbindlichkeit und wollte zweifelsohne auch meinem Umfeld beweisen, dass ich fähig bin, ein guter Vater und Ehemann zu sein. Nach wenigen Monaten heirateten wir. Zuvor finanzierte ich Belinda den Privatkonkurs, damit wir beide einen sauberen Neustart machen konnten. Fortan war ich allein für das Finanzielle zuständig, während meine Frau den Haushalt in Schwung hielt. Die beiden Söhne verbrachten zwei Wochenenden pro Monat bei uns.

Ich fand den Kontakt zu ihnen leicht und wenn der Kleine in meinen Armen einschlief, fühlte ich Ruhe und Frieden. Meine Bemühungen, Luca und Damien dauerhafte Geborgenheit und ein Zuhause zu bieten, erfüllten sich aus verschiedenen Gründen nicht. Die Institution sperrte sich mit dem Argument, es handle sich um eine sogenannte Langzeitplatzierung, eine Entscheidung, die in Absprache mit den Eltern getroffen worden sei und nicht rückgängig gemacht werden könne. Belinda schien diese Situation zu akzeptieren, unternahm nichts, damit sich etwas änderte und ignorierte meine Ideen, wie man das Ziel, Schritt für Schritt, doch noch umsetzen könnte. Ich misstraute ihr nicht. Im Nachhinein betrachtet, schien sie die Zeit ohne ihre Söhne zu genießen, wollte von größerer Verbindlichkeit und Verpflichtungen gar nichts wissen, fühlte sich in dieser Situation wohl. Der Haushalt war schnell erledigt, die verbleibende Zeit – so entsprach es meinem Eindruck – verbrachte sie hauptsächlich mit Nichtstun. Sie war einer dieser Menschen, die, genügsam und auch ohne äußere Einflüsse, durchaus zufrieden sein können. Meinte ich zumindest.

Doch dann kam das große Erwachen: Ich wollte nach der Arbeit eine Wäsche machen und die in der Trommel liegenden Kleidungsstücke in den Trockner werfen, als mir wunderhübsche Unterwäsche in die Hände fiel, die ich an Belinda seit Längerem nicht mehr gesehen hatte. Es war ein Schlag in die Magengrube. Ich wusste sofort, dass etwas nicht stimmt und stellte sie am selben Abend zur Rede. Sie sprach nicht lange um den heißen Brei herum. Während ich arbeitete, um unseren Unterhalt zu verdienen, war sie im Internet unterwegs, machte dort Bekanntschaften und traf sich mit einem dieser Männer zu eindeutigen Aktivitäten. Ich war am Boden zerstört und geriet gleichzeitig außer mir vor Wut, schaffte es aber in dieser extremen Situation, meine Aggressionen zu zügeln oder vielmehr mich anderswo abzureagieren: Ich schlug mindestens eine halbe Stunde lang auf den Boxsack des älteren Sohnes ein. Nun hieß ich sie, die Wohnung über das Wochenende zu verlassen und versank in einer echten Krise. Stumm harrte ich aus, trank zu viel. Das einzig Gute an diesen schrecklichen Stunden war, dass ich unter Beweis stellen konnte, dass ich anders war als mein gewalttätiger Vater, der meine Mutter in einer solchen Situation zweifelsohne umgebracht hätte. Die Frage nach dem Warum quälte mich sehr, doch auch in den folgenden Wochen erhielt ich von ihr keine Antworten. Den Seitensprung hätte ich Belinda verziehen, doch ihr späteres Verhalten, das Desinteresse und Gleichgültigkeit signalisierte, war für mich inakzeptabel. Damit die beiden Jungen nicht auch noch das vertraute Dach über dem Kopf verloren, überließ ich ihnen meine Wohnung. Von Luca und Damien konnte ich mich nicht einmal mehr verabschieden, ich hatte keinerlei Rechte, sie wiederzusehen. Einen anderen Umstand sehe ich heute jedoch als glückliche Fügung des Schicksals. Belinda wollte unbedingt ein Kind von mir. Hätte es geklappt, wäre ich die folgenden Jahrzehnte mit Sicherheit in ein unvorstellbares Chaos verwickelt worden.

Die Ehe hatte nur knapp zwei Jahre gedauert. Nach meiner zweiten Scheidung verlor ich – vorübergehend – den Glauben an die Frauen. Sechs Jahre lang blieb ich allein, lebte aber bestimmt nicht wie ein Mönch. Doch was ich mir bisher so sehr gewünscht hatte, eine verbindliche Partnerschaft, ein Mensch, der mich liebt und dem ich alles geben kann, was in meiner Macht steht, hatte sich als Illusion erwiesen. Ich lernte, allein zurechtzukommen, genoss irgendwann sogar die damit verbundene Freiheit und führte ein wahres Junggesellenleben. Auf zwei exklusiven Rädern! Noch während der zweiten Ehe hatte ich an einem Wettbewerb teilgenommen, zog den richtigen Würfel und gelangte in die Hauptverlosung einer Radio-Trophy, die drei Monate lang dauerte. Am Schluss spielten noch über hundertzwanzig Personen um den Hauptgewinn. Ich befand mich mit dem Auto auf der Rückkehr nach Hause, hatte einen schlechten Tag gehabt, drehte zur Aufmunterung das Radio etwas lauter und vernahm den Satz: Man wäre froh, wenn sich der Hauptgewinner des Wettbewerbes bald melden würde. Sein Name? Peter Gross! Ich fuhr lichthupend durch das Dorf und Tage später stand der knallgelbe Skoda Felicia Fun, ein spezieller Pickup, der jeder Baywatch-Karosse Konkurrenz machte, vor meiner Haustüre. Dieses Auto verkaufte ich wenig später und investierte den Gewinn, über zwanzigtausend Franken, in eine 650er XVS Yamaha, auf der ich fortan durch die Gegend brauste. Mit diesem Gefährt entdeckte ich die Schweiz und, zusammen mit neunzig anderen Besitzern der gleichen Maschine, unternahm ich atemberaubende Passfahrten. Ich organisierte minutiöse Motorradtouren, nahm an den Treffen der „Drag Stars“ teil und engagierte mich bei den „Star Riders Switzerland“. Im Sommer verhinderten der Töff und ausgiebige Wandertouren die Einsamkeit. Im Winter reiste ich fast jedes Wochenende in die Berge und tat, was ich liebte: Ski fahren. Es waren gute und erfüllte Jahre. Dass ich es schaffte, allein zufrieden zu sein, war für mich ein persönlicher Erfolg, jedoch auch eine Voraussetzung, um irgendwann tatsächlich eine lang dauernde und gute Partnerschaft führen zu können.

Und dann trat tatsächlich ein Engel in mein Leben. Doris! Ich war seit Längerem über eine Onlineplattform auf der Suche nach einer ernsthaften Partnerschaft. In der Zwischenzeit war ich erfahrener und wusste, was ich mir wünschte. Eine Frau mit Herz und Verstand, ein Mensch, auf den ich mich verlassen kann und der mit beiden Beinen auf dem Boden steht. Wie ich später erfuhr, wurde sie von ihrer Cousine und deren Tochter geradezu genötigt, eine Annonce aufzugeben. Diese war originell, freundlich und sprach mich sofort an. Wir trafen uns am Zürcher Bahnhof auf dem Gleis 5. Das erste Date endete erst acht Stunden später wieder. Was so selten eintrifft und ein eigentliches Geschenk ist, traf bei uns zu. Die Chemie stimmte vom ersten Moment an. Wir ließen uns treiben, schlenderten schwatzend und lachend durch Zürich, tranken Kaffee in der besten Confiserie der Stadt, beschlossen spontan, zu Abend zu essen. Als sie mir Bilder ihres Arbeitsortes zeigte, ein Mutter-Kind-Heim, in dem sie als Erzieherin arbeitete, berührte sie kurz meinen Arm, worauf ich sofort eine angenehme Wärme wahrnahm. Ich erfuhr von einer kurzen Ehe und dass sie in einem kleinen Reihenhaus lebte, das sie sich dank harter

Arbeit leisten konnte. Ich fand sie schön, doch viel wichtiger waren ihre Freundlichkeit und ihre Warmherzigkeit, der gute Charakter, der sanfte Blick auf das Leben und die Menschen. Und genau wie ich vertrat sie die Meinung, dass Freiheiten in einer Beziehung möglich sind, wenn das Vertrauen niemals enttäuscht wird. Bei Doris handelte es sich nicht nur um schöne Worte, denn in der Zwischenzeit hat sie alles – und viel mehr – eingelöst, was sie damals andeutete.

Ich war hin und weg und ihr erging es glücklicherweise ähnlich. Viele Küsse später verabschiedeten wir uns schweren Herzens. Nur Tage später hielt sie sich bei ihrer Cousine im Tessin auf und fragte mich, ob ich sie besuchen möge. Die Reise wollte ich mit dem Töff bestreiten und mit einer Passfahrt verbinden. Doch plötzlich ergriff mich starke Sehnsucht. So schnell wie möglich fuhr ich über die Autobahn, meinem Ziel – Doris! – entgegen. Wir fielen uns in die Arme und spätestens nach diesem Weekend war klar, dass wir ein Paar sind. Bald lernte ich ihre Familie kennen. Sie nahmen mich mit offenen Armen auf, verhielten sich so, wie ich es mir gewünscht hatte. Liebevoll und freundlich, aber nicht erdrückend. Seither sind fünfzehn Jahre vergangen. Wir sind immer noch sehr glücklich. In guten wie in schlechten Zeiten: Obwohl uns bald viele Probleme einholen sollten, wir beide unsere Arbeit verloren, Doris' Vater, der an Demenz litt, aber auch ihre behinderte Schwester immer wieder Anlass zu großen Sorgen gaben und das Leben kein ruhiger Fluss blieb, sind wir – auch ohne Trauschein – unzertrennlich. Uns verbindet so vieles: ähnliche moralische Vorstellungen. Loyalität. Einigkeit darüber, was eine Beziehung sein soll und was nicht, gemeinsame Interessen und vor allem: die andauernde Freude aneinander. Endlich habe ich einen Menschen an meiner Seite, für den ich das Wichtigste auf der Welt bin und umgekehrt ist es genauso. Nach zwei Jahren zog ich bei meiner Liebsten ein. Das lichtdurchflutete Reihenhaus, mit dem Gartensitzplatz, wurde zu unserem Refugium. Ein paradiesischer Flecken Erde, der uns nach meinem Zusammenbruch und einer langen Leidensgeschichte fast abhandengekommen wäre – doch davon später. Mit Doris zusammen erfüllte sich meine Sehnsucht nach Zweisamkeit und zusammen entdeckten wir endlich die Welt: Unzählige Reisen führten uns inzwischen in fremde Länder und Kulturen: Ägypten. Bulgarien. Türkei. Kroatien. Marokko. Lanzarote. Mit Griechenland, verschiedenen nordischen Ländern und den schönsten europäischen Städten, verbinden uns wunderschöne Erinnerungen. Was ich eigentlich sagen möchte: Mit meiner jetzigen Partnerin fand ich nicht nur die große, sondern auch die wahre Liebe und für ihre Unterstützung in der langen und schweren Zeit, die noch kommen sollte, bin ich ihr für immer dankbar.

Doch zurück zu den beruflichen Jahren nach meiner zweiten Scheidung: Bisher war ich ein ruhiger, williger und stets um Harmonie bemühter Arbeitnehmer gewesen, als mich ein unangenehmer Vorfall vorübergehend aus der Bahn warf. Nach körperlich anstrengenden Stunden wollte ich umsetzen, was mir durch den Arbeitgeber zugestanden wurde und nie für Probleme gesorgt hatte: eine kurze Pause einlegen, um danach weiterzumachen. Mein mir in der Position gleichgestellter Kollege befahl mir in barschem Ton, dies zu unterlassen. Ich ließ mich nicht beirren, hielt an der Pause fest, worauf der andere in Rage geriet, mich am Hals packte und so heftig würgte, dass ich vom Stuhl fiel. Ich meldete den Angriff meinem Chef, der das Gesagte ungerührt zur Kenntnis nahm. Bei der Befragung jenes Kollegen, der beim Zwischenfall anwesend gewesen war, drohte mein Vorgesetzter diesem zwischen den Zeilen unverhohlen, worauf er tatsächlich abstritt, etwas gesehen zu haben. Mein Widersacher kam ungeschoren davon, ich nicht: In den folgenden Monaten wurde ich nicht mehr gegrüßt, isoliert und schlecht behandelt, worauf ich nach eineinhalb Jahren die Konsequenzen zog. Einen neuen, besseren Job fand ich sofort. Ich meldete mich auf das Inserat einer Privatbank, die für den internen Postdienst eine Fachkraft suchte. Ich konnte mich gegen dreihundert Mitbewerber durchsetzen, freute mich riesig über den Arbeitsvertrag und trat die Stelle mit entsprechend viel Elan an. Es handelte sich um ein gehobenes Arbeitsmilieu, die Kunden und Vermögensverwalter atmeten Wohlerzogenheit und Exklusivität. Mein Arbeitsbereich umfasste das Verteilen der morgendlichen Post, wozu auch die Tageszeitungen gehörten, die akkurat parallel zu den Tischkanten platziert werden mussten. Der Einkauf der Getränke und der Büromaterialien lag in meiner Verantwortung. Die Aktenvernichtung fand einmal pro Woche statt und bei der stressigsten Zeit handelte es sich um das Monatsende, wenn die Abschlüsse verschickt wurden. Ich kannte alle Mitarbeiter bis in die obersten Etagen, liebte meinen Job, der mich über die Enttäuschung am letzten Arbeitsplatz hinweg tröstete und sah mich als Dienstleister, was dazu führte, dass ich viele Zusatzaufgaben gerne und freiwillig übernahm. Im Gegenzug genossen mein Kollege und ich viele Freiheiten und vor allem die Vorteile eines vorzüglichen Gehaltes. Siebenunddreißigjährig war ich dort angelangt, wo ich immer hinwollte und am liebsten wäre ich bis zu meiner Pensionierung in dieser wunderbaren und so freundlichen Umgebung geblieben, in der mein Fleiß, meine Genauigkeit und mein Pflichtbewusstsein voll zum Tragen kommen konnten. Einige Jahre zogen ins Land. Als ich Doris kennenlernte, arbeitete ich bereits vier Jahre bei der Privat-Bank, verdiente gut, war zufrieden mit meiner Arbeit und meinem Leben. Wir konnten uns einiges leisten, genossen unsere noch junge Liebe, trotz vieler familiärer Sorgen, in vollen Zügen. Heute weiß ich, es war die Ruhe vor dem Sturm. Zwei Jahre später, war die globale Finanzkrise – die den Zusammenbruch der amerikanischen Großbank Lehmann Brothers bewirkte und den Ruin von hunderttausenden von Anlegern zur Folge hatte – in vollem Gang. Ich hatte mitbekommen, dass auch bei uns Leute entlassen wurden, allerdings handelte es sich, nach meiner Einschätzung, um Angestellte der sogenannten Teppichetage. Wir arbeiteten im Untergeschoss und ich dachte: Post gibt es immer und somit braucht es auch in Krisenzeiten entsprechende Fachleute. Falsch gedacht! An jenem Wintertag im Jahr 2009 deutete nichts auf die sich anbahnende Katastrophe hin, die mein weiteres Leben durcheinanderbringen sollte. Gut gelaunt lief ich durch die Gänge, verrichtete meine Arbeit, wurde vom Personalchef freundlich gegrüßt und erledigte später einen Spezialauftrag, der mich in die weihnachtlich dekorierte Umgebung der Bahnhofstraße führte. Der CEO der Bank hatte nach einer Sitzung im edlen Hotel „Baur au Lac“ die Unterlagen vergessen. Diese brachte ich an mich und, wieder in der Bank, wollte ich ihm die Papiere unverzüglich überreichen. Seine Sekretärin saß einmal nicht an ihrem Platz, konnte mich also nicht abwimmeln, worauf ich beherzt an die Bürotüre des obersten Chefs klopfte. Als er mich erblickte, wurde er bleich. Ich nahm es erstaunt zur Kenntnis, mutmaßte, er fühle sich vielleicht nicht gut und händigte ihm die Unterlagen aus. Heute weiß ich, dass er in mir einen unter Umständen sehr verärgerten Untergebenen sah, dem gerade gekündigt worden war und der nun persönlich bei ihm vorstellig wurde. Denn: Stunden später musste ich beim Personalchef vorsprechen. Nichtsahnend setzte ich mich auf den Stuhl. Seine Worte drangen nicht wirklich zu mir durch. Wirtschaftskrise. Auch anderen wurde gekündigt. Der lapidare und dumme Satz – „Jetzt sind Sie dran“ – traf mich wie ein Peitschenschlag. Er nutzte den Moment meiner kompletten Überraschung, ließ mich wissen, wenn ich die Kündigung sofort unterschreiben würde, stelle er mir ein gutes Arbeitszeugnis aus. Ich befand mich in einem schockartigen Zustand, tat, wie mir geheißen wurde. Da ich eine Vertrauensposition innehatte, handelte es sich um eine sofortige Freistellung. Fünf Minuten später musste ich meinen Schreibtisch räumen. Als ich meine persönlichen Daten vom Computer entfernte, stand der Personalchef hinter mir, als ich meine wenigen Habseligkeiten in eine Kartonschachtel packte, beobachtete er mich genau. Mit seiner großzügigen Einwilligung durfte ich mich von einigen langjährigen Kollegen verabschieden, dann stand ich im Freien. Solche Szenarien kannte ich bisher nur aus amerikanischen Hollywoodfilmen, bei denen millionenschwere Börsenmakler und Investmentbanker, ihre Jobs innerhalb kürzester Zeit verloren. Doch nun stand ich mit dem Karton auf dem Arm auf der Straße und blickte ein letztes Mal auf die glänzenden Firmenbuchstaben, die am hohen Gebäude angebracht waren. Ein für mich unfassbarer

Zustand war innerhalb einer einzigen Stunde eingetreten: arbeitslos. Mein ganzes Leben geriet ins Wanken und zu Hause nahm ich meine Existenz sofort als luftleeren Raum wahr. Auf die Frage meiner Partnerin, was geschehen sei, antwortete ich: „Ich bin entlassen worden." Die Worte klangen fremd in meinen Ohren.

ERSTE KRISE

Fast sofort meldete ich mich bei der Gemeinde und verbrachte die Zeit, in der mir der Lohn durch den Arbeitgeber weiterhin bezahlt wurde, mit der intensiven Stellensuche, da ich den in meinen Augen schmachvollen Gang auf das RAV (Regionalen Arbeitsvermittlungszentren) unbedingt abwenden wollte. Anfänglich ging ich davon aus, dass ich innerhalb kurzer Zeit wieder einen guten Job finden würde. Weit gefehlt. Trotz bester Arbeitszeugnisse und ebensolchem Leumund erwiesen sich die folgenden beiden Jahre als extrem hart. Die Wirtschaftskrise. Mein Alter. Ich verschickte hunderte von Bewerbungen, war irgendwann bereit, auch unterqualifizierte Arbeiten auszuführen und: wurde zunehmend gestresster und verzweifelter. Die Situation erwies sich als Herausforderung und je länger ich mich erfolglos bemühte, desto öfter haderte ich mit meiner Situation. Stets hatte ich mich über meine Arbeit definiert. Werte wie Fleiß, Pflichterfüllung und Loyalität waren mir als Arbeitnehmer wichtig und entsprechend groß war mein Einsatz gewesen. In dunklen Stunden dachte ich: Gewürdigt wird all das nicht. Mein letzter Arbeitgeber hatte mich nach sieben Jahren, innerhalb einer Stunde auf die Straße gestellt. Die Art und Weise, wie dieser Vorgang stattfand, aber auch der Umstand, dass man die Gunst der Stunde oder vielmehr meinen Zustand ausnutzte, um mich zur Unterschrift unter die Kündigung zu drängen, brachte mich dazu, dass ich mich in einer Zeit, in der ich zum Nichtstun verdammt war, genau mit meinen Rechten als Arbeitnehmer auseinanderzusetzen begann und dabei realisierte, dass ich mir bisher viel gefallen ließ, dem Frieden zuliebe schwieg, mich für meine Rechte nicht einsetzte, Zusatzarbeit leistete und trotzdem in eine unmögliche Situation geraten war. Die vierhundert RAV-Tage, die mir zur Verfügung standen, bevor die Aussteuerung drohte und ich zum Sozialfall würde, bleiben in schlimmer Erinnerung. Um meine Chancen auf dem Stellenmarkt zu erhöhen, hätte ich im Rahmen der regionalen Arbeitsvermittlung gerne mein kaufmännisches Wissen vertieft, doch die entsprechende Schulung wurde mir von meinem Betreuer nicht zugestanden. Stattdessen musste ich einen Gabelstapler-Kurs absolvieren und meine Bewerbungsunterlagen, die absolut professionell waren und den neusten Anforderungen entsprachen, in einer, meiner Meinung nach, sinnlosen Weiterbildung „optimieren". Mein Nervenkostüm hatte gelitten. Das Selbstbewusstsein sinkt ebenfalls in den Keller, wenn man sich bewusst wird, dass hunderte von potenziellen Arbeitgebern nichts von einem wissen wollen, die Bewerbungen unbeantwortet lassen, auf Nachfragen nicht reagieren oder einen in anderen Fällen zigfach vorladen, Hoffnungen schüren, unmögliche und beinahe demütigende Ansprüche durchsetzten wollen, um sich dann einfach nicht mehr zu melden. Der Angriff auf die Persönlichkeit, der mit einer langen Erwerbslosigkeit verbunden sein kann, lässt die Betroffenen gekränkt zurück, man reagiert empfindlicher, man wird dünnhäutiger. Jeder Mensch, der ein Herz besitzt, kann das nachvollziehen, nicht so jener Psychiater, der meine diesbezüglichen Gefühle Jahre später in einem IV-Gutachten (Medizinisches Gutachten) als „falsch" qualifizierte und als Versuch darstellte, freiwillig in der Opferrolle zu verharren.

Nebst vielen Belastungen, denen Betroffene ausgesetzt sind, überschatten Zukunftsängste die Situation. In guten Zeiten kaufen manche Menschen einiges auf Abzahlung, andere machen vielleicht sogar Schulden. Bricht das Kartenhaus zusammen, wird man krank oder arbeitslos, sind die Konsequenzen weitreichend, denn es drohen Armut und manchmal sogar der finanzielle Bankrott. Zumindest von diesem Szenario blieb ich vorerst verschont. Schon immer sehr konservativ in Sachen Geld, gönnte ich mir in guten Zeiten manches, legte aber auch einiges zur Seite. Dinge auf Pump zu kaufen und über meine Verhältnisse zu leben, wäre mir nie in den Sinn gekommen und dabei folgte ich dem Beispiel meiner Mutter: Man gibt nur aus, was man zuvor verdient hat. Diese Philosophie führte dazu, dass ich nun den gewohnten, bescheidenen Lebensstil mit wenigen Abstrichen weiterführen konnte und dabei auch davon profitierte, dass meine Partnerin finanziell absolut unabhängig funktionierte. Doris unterstützte mich in dieser schwierigen Phase meines Lebens, richtete mich moralisch auf. Ihre sichere Präsenz vermittelte mir Trost und trotz allem auch den Glauben daran, dass irgendwann eine positive Veränderung möglich sein würde. Bei einem anderen Lichtblick dieser Zeit handelte es sich um meine freiwillige Mitarbeit in einem Alterszentrum. Die Hoffnung, so in eine Arbeitsstelle zu rutschen, die in diesem Rahmen frei würde, bestätigte sich nicht, doch die Jass-Nachmittage mit drei reizenden, alten Damen, gaben mir das Gefühl, weniger nutzlos zu sein.

Nachdem ich einen entsprechenden Antrag verfasst hatte, wurde mir nach einem Jahr eine neue RAV-Betreuerin zur Seite gestellt. Diese Frau hatte die Arbeitslosigkeit selbst erlebt und agierte weitaus pragmatischer und unterstützender als ihr Vorgänger. Mit Erfolg: Kurz vor meiner Aussteuerung trat das Wunder ein. Ich fand eine neue Stelle. Als Lagerist war ich für das Ein- und Ausladen der Lastwagen, für Umgebungsarbeiten und unzählige andere Aufgaben verantwortlich, die in einem einzigen Job zusammengefasst wurden. Ich hängte mich sofort rein, arbeitete sehr viel, wollte unbedingt die Probezeit überstehen, was auch gelang. Einige Monate später ereignete sich ein Vorfall, der den Stein abermals ins Rollen brachte. Mein Arbeitskollege, der zu diesem Zeitpunkt auf der gleichen Hierarchie-Ebene arbeitete wie ich, kam miserabel gelaunt aus seinem Urlaub zurück und beschuldigte mich, der sämtliche Arbeiten pflichtbewusst erledigt hatte, sofort verschiedener Vergehen. Ich fühlte mich ungerecht behandelt, war nicht mehr bereit, einfach zu schweigen und wehrte mich verbal. Der andere wurde laut, ich ebenfalls und so eskalierte ein Streit, der offenbar bis in die Verkaufsräumlichkeiten zu hören war. Wir mussten bei der Chefin vorsprechen und erhielten einen Verweis. Wochen später litt ich während der körperlich anstrengenden Arbeit – es galt, rund siebenhundert Kilogramm schwere Getränke-Paletten aus dem Lastwagen zu ziehen – unter starken Atemproblemen. Nachdem ich mich bei meiner Vorgesetzten abgemeldet hatte, suchte ich aus eigener Kraft das örtliche Ärztezentrum auf, brach dort aber bewusstlos zusammen. Das EKG ergab den Verdacht auf einen Herzinfarkt. Ich wurde sofort an eine Spezialklinik überwiesen. Diese erwies sich jedoch als voll belegt, worauf ich mit Blaulicht und Sirene in ein Partnerspital nach Konstanz gelangte. Die anschließenden Untersuchungen, darunter eine Herzspiegelung, ergaben einen angeborenen Herzfehler sowie eine erweiterte Aorta, die seither mit Medikamenten behandelt werden muss. Der Umstand, dass ich in einem Krankenhaus im grenznahen Deutschland behandelt wurde, sorgte bei Doris für einen Schock, fuhr sie nach der Benachrichtigung doch sofort ins schweizerische Münsterlingen. Dort wurde ihr beschieden, dass kein Patient mit meinem Namen im Haus sei. Punkt. Sie glaubte mich bereits im Kühlraum liegend, als sich das Missverständnis doch noch aufklärte und eine Stunde später stand sie an meinem Krankenbett. Geschwächt kehrte ich nach einigen Tagen nach Hause zurück und benachrichtigte meine Chefin, dass ich eine Woche lang krankgeschrieben sei. Sie reagierte misstrauisch und hieß mich, das ärztliche Zeugnis sofort, also während der Genesungszeit, persönlich vorbeizubringen, was ich etwas irritiert tat. Nachdem ich mich erholt hatte, arbeitete ich genauso viel wie zuvor, war voll einsatzfähig und auch motiviert, als ich zur Chefin zitiert wurde. Unvermittelt ließ sie mich wissen, aufgrund des bevorstehenden Umbaus der Filiale habe sie keine Verwendung mehr für mich, ich solle die Kündigung einreichen. Ich war am Boden zerstört und nicht getröstet, als sie diese Aussage wenig später widerrief. Da mein Vorgesetzter gekündigt hatte, bestand nun offenbar doch Bedarf. Ich war wütend, fragte mich, ob ich mich so abschätzig behandeln lassen muss und zog wenig später selbst die Konsequenzen. Der Umstand, dass sie in dieser Situation auf keinen einzigen Logistiker mehr zählen konnte, vermittelte mir keine Genugtuung. Ich fragte mich in der Zwischenzeit, was mit den anderen, jedoch auch, was mit mir selbst los war. Was ich noch nicht wusste, war, dass die eigentliche Odyssee erst bevorstand. Auch die nächste Stelle erwies sich als Belastungsprobe. Der Chef war jähzornig. Er konnte der netteste Mensch auf Erden sein, um im nächsten Moment aufgrund einer Nichtigkeit komplett die Beherrschung zu verlieren. Die Mitarbeitenden griff er in solchen Situationen verbal an, ging massiv unter die Gürtellinie und schuf so ein Arbeitsklima, das durch die ständige Furcht vor dem nächsten Ausbruch geprägt war. Obwohl ich nicht in seinem direkten Fokus stand, belastete mich diese Situation. Als ich an einem Wochenende zu Hause ohne ersichtlichen Grund weinend zusammenbrach, schob ich mein Unwohlsein auf körperliche Symptome, vermutete, dass ich krank sein könnte. In der Hoffnung, er möge sein Verhalten etwas anpassen, berichtete ich meinem Chef unter vier Augen dennoch von diesem Zwischenfall. Seine Reaktion, bevor er auf dem Absatz kehrtmachte und ging? Er griff in einen Schrank, warf eine Packung Medikamente auf den Tisch, riet mir, eine Tablette einzunehmen und danach weiterzuarbeiten wie bisher.

Ich fühlte mich abermals ohne jeglichen Respekt behandelt und tat, was ich noch nie gemacht habe: Ich schlich mich durch die Hintertüre und war für diesen Arbeitgeber ab sofort nicht mehr erreichbar. Nun war ich reif für die Insel und beschloss ein viermonatiges Time-Out, das ich aus eigener Tasche finanzierte. In dieser Zeit dachte ich viel nach. Über die anderen, über mich. War ich renitent, ließ mein Verhalten zu wünschen übrig? Ich wurde immer unsicherer und tatsächlich, das sollten auch die weiteren Jahre zeigen, schienen Kollegen und Vorgesetzte jene Punkte in meinem Innern, die für Aversionen und Ärger sorgten, zielsicher auszumachen. Ich reagierte aufgebracht, wehrte mich mit Händen und Füßen, was der Gegenseite Munition lieferte, damit man mich als schwierig und uneinsichtig qualifizieren konnte. Zweifelsohne hatte ich mich als Arbeitnehmer verändert. Nach der großen Enttäuschung bei der Bank und den vielen erfolglosen Bewerbungen wollte ich mir einfach nicht mehr alles gefallen lassen, wollte nicht dauernd als Bittsteller dastehen und sämtliche Ungerechtigkeiten klaglos hinnehmen. Heute weiß ich, dass ich nicht immer adäquat reagierte, die Ellbogen ausfuhr, trotzig wurde. Ich wehrte mich mit den falschen Mitteln und verfügte noch nicht über das Wissen und die Instrumente, die mir heute zur Verfügung stehen. Dass meine Rundumschläge auch viel mit den Erlebnissen in meiner Kindheit zu tun hatten, die durch die beruflichen Enttäuschungen an die Oberfläche katapultiert wurden, ahnte ich damals noch nicht. Und als würden die anderen das hilflose und schwache Kind in mir wittern, nutzten sie diesen Umstand aus.

Es war verrückt, ich hatte zwanzig gute und problemlose Berufsjahre hinter mir, nun schien ich vom Pech verfolgt zu sein und meine Gesundheit ließ ebenfalls zu wünschen übrig. Ich fühlte mich kraftlos und angeschlagen. Allerdings: Nach einem weiteren kurzen und unerfreulichen Intermezzo bei einem Arbeitgeber, der mich aufgrund meiner sporadisch auftretenden gesundheitlichen Probleme als „Kümmerchen-Fall" bezeichnete, tat sich ein Streifen am Horizont auf. Ich fand eine Stelle in einer großen Zürcher Anwaltskanzlei. Es handelte sich um eine Halbtagsstelle, beziehungsweise arbeitete ich eine Woche lang, um danach eine Woche auszusetzen. Diese Entscheidung erschien mir trotz einer massiven Lohneinbuße sinnvoll: Meine körperliche Schwäche und die damit verbundenen Symptome, so hoffte ich, ließen sich so besser ausbalancieren. Nachdem mein Arbeitskollege beim Weihnachtsessen der Firma sturzbetrunken die Treppe heruntergestürzt war, musste ich allerdings sein Pensum übernehmen. Und ein anderer Umstand erwies sich als dauerhaft anstrengend. Trotz eines Fünfzig-Prozent-Pensums verließ ich das Haus an den Arbeitstagen um 6 Uhr und kehrte erst dreizehn Stunden später zurück. Die vierstündige Mittagspause erwies sich als Qual, da ich diese in der Stadt verbringen musste. Ich aß in einem Restaurant eines Warenhauses und machte es mir dort anschließend in einem pinkfarbenen Sessel bequem, um ein wenig zu schlafen. Auch andere Menschen ergriffen diese Gelegenheit, was zur Folge hatte, dass die beiden Fauteuils bald entfernt wurden. Fortan irrte ich auch im Winter durch die Stadt, ohne Weg und ohne Ziel, fühlte mich bisweilen wie ein Obdachloser, bevor ich zur zweiten Schicht antrat. All das hätte ich in Kauf genommen. Nachdem die mir wohlgesinnte Personalchefin ihren Job quittiert hatte, wendete sich intern jedoch das Blatt. Mein genesener Arbeitskollege schaffte es sogar, mich in seiner Abwesenheit zu tyrannisieren. Winzigste Fehler führten zu Tadel und Demütigungen, die mich, auf Papierfetzen gekritzelt, erreichten. Ich ließ mich provozieren, stieg in den lächerlichen Machtkampf ein, bei dem es einmal um eine fehlende Coca-Cola-Flasche im Getränkeautomaten ging und bald um viele andere Auseinandersetzungen dieser Art. Er drangsalierte mich, winkte mich einmal während eines Geschäftsanlasses wie einen Hund zu sich und beschimpfte mich vor versammelter Runde. Schon wieder stellte sich mir ein Widersacher in den Weg, dessen Aktionen ich als sinnlos und übergriffig empfand. Ich reagierte, indem ich mich nun jenen Arbeiten verweigerte, die in meinem Vertrag nicht aufgeführt waren, darunter das Retournieren von Hunderten von Zalando-Paketen, die die Angestellten in der Arbeitszeit an die Adresse der Kanzlei bestellten.

Rückblickend bahnte sich zu diesem Zeitpunkt die Krise an. Nach sieben Tagen Arbeit war ich zu nichts mehr zu gebrauchen und benötigte eine volle Woche Zeit, um zu regenerieren. An Unternehmungen mit meiner Partnerin oder andere Aktivitäten war nicht mehr zu denken und mir kam auch der Lebensmut abhanden. Der Kopf wollte immer weitermachen, der Körper strahlte Warnsignale aus, doch diese ignorierte ich lange Zeit. Da mir mein Innenleben weitgehend unbekannt war, brachte ich die extreme Müdigkeit, aber auch den Umstand, dass ich innerhalb von fünf Monaten dreizehn Kilogramm Gewicht verloren hatte, allein mit meiner physischen Gesundheit in Zusammenhang, was sich als fataler Fehler erweisen sollte. Eines Nachts brach ich im Bad zusammen und schlug mit dem Kopf hart auf dem Absatz der Dusche auf. Als ich wieder zu mir kam, griff ich mir automatisch an die Wunde, fühlte mich aber derart erschöpft, dass ich mich – ein Handtuch unter dem Kopf – einfach auf das Sofa legte und einschlief. Doris reagierte am nächsten Morgen schockiert, hatte die Verletzung doch stark geblutet. Ich schleppte mich trotzdem zur Arbeit und erinnere mich nur noch verschwommen an die folgenden Tage, in denen ich nicht mehr richtig denken konnte und wie in Watte verpackt funktionierte. Die übrige Welt befand sich bereits im Weihnachtstaumel, die Bahnhofstraße war bestimmt schön geschmückt, die Menschen in Feierlaune, doch all das zog an mir vorbei. Ich fühlte mich leer und taub. Einige Tage vor Heiligabend ging es mir schlecht. Ich übergab mich stundenlang unzählige Male, konnte nur noch auf allen vieren ins Badezimmer kriechen. Ich spürte förmlich, wie mir die Lebensenergie abhandenkam und hatte Todesangst. Doris bestand darauf, Hilfe zu holen, doch das Aufsuchen des Krankenhauses brachte nichts. Man wies mich ab, hatte keine Zeit, nahm mich nicht ernst. In meiner Verzweiflung suchte ich meinen Hausarzt auf. Dieser kannte meine gesamte Krankheitsgeschichte, wusste, dass die Intervalle zwischen meinen körperlichen Beschwerden und Zusammenbrüchen immer kürzer geworden waren, reagierte verständnisvoll und menschlich. In seiner Praxis brach ich in Tränen aus und war nicht zu beruhigen. An meine Gedankengänge erinnere ich mich nicht mehr genau, jedoch an meine Worte, die das Resultat einer spontanen Eingebung waren: „Ich brauche psychologische Hilfe!"

TIGER IM KÄFIG

Für meine Arbeit in der Kanzlei wurde ich ab sofort krankgeschrieben, ich wusste, dass dieses Kapitel abgeschlossen werden musste, wollte aber unbedingt in den Arbeitsmarkt zurückkehren, sprich: Ich wollte so schnell als möglich repariert werden. Einerseits begab ich mich auf Arbeitssuche. Andererseits absolvierte ich während fünf Monaten eine ambulante Therapie. Die Psychologin wollte in die Tiefe gehen. Ein schwieriges Unterfangen, wenn man nur vierzig Minuten Zeit hat, zudem wollte ich nur so weit fit gemacht werden, dass ich bei einer neuen Stelle nicht wieder in ein ähnliches Fahrwasser gelangte wie bisher. Ich wurde in Blöcken von jeweils drei Wochen krankgeschrieben, fühlte mich nicht wohl dabei. Doch die Ärzte ermahnten mich zur Vorsicht und erteilten mir den Ratschlag, nichts zu überstürzen. Körperlich erholte ich mich gut und nach unzähligen Bewerbungen ergab sich eine berufliche Zukunftsperspektive. Man ahnt es bereits: Ich kam vom Regen in die Traufe, arbeitete nun am Flughafen, musste eine spezielle Prüfung ablegen, damit ich auf dem Vorfeld ein Auto lenken durfte, wobei es verständlicherweise viele Regeln zu beachten galt. Bei Fehlern wurde man nach einem Punktesystem bestraft und zu viele Vergehen führten zum Entzug der Fahrerlaubnis. Ich war weniger belastbar geworden, nahm die vielen neuen Aufgaben als riesigen Berg wahr und unglaublich, aber wahr: Alles wiederholte sich. Kollegen mit Profilierungsneurosen und andere, die sich im Kampf gegen mich zusammenschlossen, machten mir das Leben schwer. Einer behandelte mich besonders schlecht, schob auch anderen seine Fehler in die Schuhe. Ich schwieg lange, doch dann reagierte ich emotional, beschimpfte ihn heftig. Ich trug den Sieg davon, wurde in der folgenden Zeit aber gemobbt und geriet bei meinem Vorgesetzten in Misskredit. Unsinnige Befehle, unsachgemäße Kritik ohne Ende und Intrigen trugen nicht dazu bei, dass ich seelisch ausgeglichener wurde. Ich fühlte mich schrecklich, sehr unglücklich und auch machtlos. Doch zum ersten Mal brachte ich diesen Zustand nun bewusst mit meiner Kindheit in Zusammenhang. Ich tat offenbar, was mir als kleines Kind nicht möglich war und schaffte es als Erwachsener trotzdem nicht, mich erfolgreich zu wehren.

In dieser Zeit litt ich zum ersten Mal unter einer Panikattacke. Nachdem ich in Winterthur zwei große Bilderrahmen abgeholt hatte, befand ich mich auf dem Heimweg. Die vielen Menschen im Zug, die Stimmen, der Lärm. Die Angst lässt sich schlecht beschreiben, sie breitet sich aus und will nicht mehr weichen, wie ein ungebetener Gast macht sie es sich bequem, will nicht weggehen und wartet ruhig ab, was jetzt geschieht. Bald geriet ich regelmäßig in solche Zustände, die ich nach Atem ringend, zitternd und schwitzend überstehen musste. Doch das erste Mal empfand ich einfach ein überwältigendes Unwohlsein, fühlte mich bedroht, platzierte die beiden Rahmen wie einen Schutzschild vor und hinter mir und wiederholte dieses Verhalten im Bus. Für den Nachhauseweg benötige ich üblicherweise fünf Minuten, nun schleppte ich mich Schritt für Schritt vorwärts und fühlte mich extrem erschöpft.

Am Arbeitsplatz zog sich die Schlinge zu. In meinem Vorgesetzten sah ich jetzt meinen gewalttätigen Vater und auch manche Kollegen empfand ich als Bedrohung. Bald litt ich unter Schlafstörungen und erhöhter Schreckhaftigkeit, witterte überall Gefahren, fühlte mich unsicher und gefährdet. Die Anspannung und die Belastung im Berufsleben wurden immer größer und die Hoffnung auf Besserung immer kleiner. Die Verzweiflung schlug nun in Wellen über mir zusammen. Nachdem ich kurz hintereinander mit dem Fahrzeug drei Blechschäden verursacht hatte, geriet ich unter extremen Druck und im September 2018 brach ich erneut zusammen. Bei der Arbeit! Ich saß von Weinkrämpfen geschüttelt in einer Ecke und konnte mich nicht beruhigen. Die südamerikanischen Kollegen, mit denen ich mich gut verstand, hatten ein Herz, befragten mich, versuchten, mich zu trösten. Doch ich blieb untröstlich. Wie gerädert kehrte ich an diesem Tag nach Hause zurück. Ich wusste, dass etwas Großes auf dem Spiel stand: die Arbeit, mein

Verdienst, die Zukunft und die Möglichkeit, ein Mitglied dieser Gesellschaft zu bleiben. Der Arbeit blieb ich am nächsten Tag nicht fern, informierte jenen Vorgesetzten, der mich in diese Situation getrieben hatte, allerdings über meinen Zustand. Er verbot mir, den vereinbarten Arzttermin wahrzunehmen und beschuldigte mich der Wehleidigkeit. Fassungslos verrichtete ich meine Arbeit, ließ mir die Situation über das Wochenende durch den Kopf gehen und nach weiteren Zwischenfällen am Arbeitsplatz, wurde es unvermeidbar. Mein Arzt schrieb mich erneut krank.

Im Dezember 2018 trat ich eine viermonatige teilstationäre Therapie in einer Klinik an. Von diesem Aufenthalt erhoffte ich mir viel: Indem ich physische und psychische Stabilität erlangte, wollte ich das Fundament für eine vertiefte Therapie schaffen, von der ich mir eine nachhaltige Verbesserung meines Zustandes versprach. Im Aufenthalt sah ich auch eine Entlastung. Für mich vor allem, aber auch für meine Partnerin, die in den vergangenen Jahren extrem viel mitgetragen hatte. Ich ging mit klaren Vorstellungen in die Klinik und war bereit, die nötige Arbeit zu leisten, damit dauerhafte Resultate möglich wurden. Mein Verhalten gegenüber Personen, die ich als machtvoll empfand, wollte ich verändern und unter anderem auch meinen Perfektionismus überwinden, der mich in unruhigen Zeiten besonders stark begleitete. In der akribischen Organisation von Unternehmungen, und sei es nur eine kleine Reise mit dem Zug, konnte ich mich verlieren, so dass ich nicht in die Handlung gelangte, was der Lebensqualität nicht zuträglich war, jedoch mein großes Bedürfnis nach Sicherheit stillte. Hatte meine vorherige Psychologin eine depressive Episode diagnostiziert und blieb die Behandlung bei den wöchentlichen Gesprächen fast zwangsläufig an der Oberfläche, drang man in diesem Setting – das eine Tagesstruktur bot, wobei die Patienten am Abend nach Hause zurückkehrten – zum Kern der eigentlichen Problematik vor. Anfänglich fühlte ich mich hilflos, saß schwitzend und sehr angespannt auf meinem Stuhl. Ein weißer, geschmeidiger Stein liegt noch heute oft in meiner Hand und erinnert mich in anspruchsvollen Situationen daran zu atmen. Sprach ich in der Vergangenheit mit Bekannten oder Freunden über das Erlebte und Erlittene, beschlich mich oft das Gefühl, meine Schilderungen würden infrage gestellt und so schwieg ich irgendwann ganz. Doch nun glaubte man mir. Ich begann, meine Lebensgeschichte zu erzählen und stieß auf Menschen, die meine Aussagen ernst nahmen. Ich schilderte die familiäre Situation in der Kindheit. Mein Ignoriert werden, die erlittene Gewalt. Vor dieser Büchse der Pandora fürchtete ich mich ein Leben lang, schwieg, behielt alles für mich, hielt den Deckel aus Angst vor einer fürchterlichen Explosion geschlossen. Die neue Psychologin war meine Rettung und lüftete nicht – um im Bild zu blieben – den Deckel der Büchse. Sie zupfte aus dem Chaos meiner Vergangenheit einen ersten Faden hervor, ließ mich alles über den Großvater erzählen und alle Gefühle durchleben, zog danach weiter am Faden, ganz sachte. So konnten mit der Zeit alle belastenden und extremen Erlebnisse besprochen werden. Festzuhalten, was mir widerfahren ist, führte zu einer enormen Entlastung, jedoch auch zu vielen wertvollen Einsichten. Meine Psychologin und andere Fachleute der Klinik hörten mir zu, nahmen mich ernst und mehr: Sie zollten mir Respekt dafür, dass ich so lange durchhielt, ein eigenständiges Leben auf die Beine stellte, ein guter Mensch geworden bin, sich nicht wiederholte, was der Vater vorgelebt hatte.

Damit man Fortschritte erzielen kann, sich die psychische Situation nachhaltig verbessern kann, muss man sich als Patient auf einen emotional anstrengenden Prozess einlassen, der Mitarbeit und Mut erfordert. Auch vor diesem Hintergrund erstaunte mich die spätere Äußerung des Sachbearbeiters, der für meine Krankenversicherung arbeitete: „Wie lange wollen Sie sich noch in der Tagesklinik verstecken?“ Dieser Mann übte riesigen Druck auf mich aus, so lange, bis meine Psychologin veranlasste, dass er für meinen Fall nicht mehr zuständig war. Wie auch immer: Der langandauernde Aufenthalt ergab als Diagnose eine „Komplexe posttraumatische Belastungsstörung“, wobei die wiederkehrende depressive Störung als Folge einer Trauma-Störung beurteilt wurde. Alles, was in meiner Kindheit und Jugend geschehen war, lag der neuen Diagnose zugrunde.

Und auch meine Verhaltensweisen, die ich als erwachsene Person in Krisensituationen an den Tag legte, brachten diese Fachleute mit dem Erlittenen in Verbindung. Mein Selbstwertgefühl hatte bereits in der Kindheit und Jugend gelitten, ein Umstand, der durch die vielen beruflichen Erfahrungen in den vergangenen Jahren noch verstärkt worden war. Ich fühlte mich ungenügend, unterlegen, unsicher, traute mir kaum noch etwas zu. Um eine entsprechende Therapie angehen zu können, musste das Selbstbewusstsein wieder aufgebaut werden. Diesem Ziel galten viele verschiedene Ansätze. Ich sprach zum ersten Mal das Wort „Ich“ aus und heute laufe ich kerzengerade, mit erhobenem Kopf und fokussiertem Blick, durch die Welt. Was einfach klingt, war nicht so. Später kaufte ich mir sogar ein Paar knallrote Turnschuhe, die mir das gute Gefühl geben, in der Außenwelt gesehen zu werden. Bevor ich diese wieder betreten konnte, sollte es dauern. Ich verließ mich dabei auf jene Fachleute, die mich betreuten, und durchlief an fünf Tagen pro Woche ein psychiatrisch-psychotherapeutisches Behandlungsprogramm, bestehend aus vielfältigen Therapien. Im Verlauf der nächsten vier Monate lernte ich so viel über mich, im Großen wie im Kleinen, und heute kann ich auch auf praktische Strategien zurückgreifen, die ich anwende, wenn es mir schlecht geht oder ich mich in die Enge getrieben fühle. Stehe ich zum Beispiel mit dem Rücken zur Wand, bin ich fähig, die Position zu verändern, der beteiligten Person in die Augen zu blicken und mich mit den Füßen so weit abzudrehen, dass der Abstand zur hinter mir liegenden Wand größer wird. Ich lernte, dass ich nicht immer sofort eine Antwort geben muss, sondern darauf bestehen kann, mir diese überlegen zu wollen. Um das Absinken in eine Negativspirale zu verhindern, wende ich heute verschiedene Techniken an und verfüge über die Fähigkeit innezuhalten, einen geistigen Tresor aufzuschließen, um gefährliche Situationen und Erinnerungen dort einzuschließen. Bei den Aufstellungen, die im Rahmen des sogenannten Psycho-Dramas stattfanden, meldete ich mich nie, um auf der Bühne zu stehen, doch die Schicksale der anderen Patienten erinnerten mich an meine eigene Geschichte und gleichzeitig gelangte ich zur Gewissheit, dass das Erlebte offenbar nicht nur bei mir psychische Konsequenzen zur Folge hatte, was mich in große Traurigkeit versetzte. Meine Tränen waren jedoch blockiert. Einmal, die anderen Teilnehmer hatten den Raum bereits verlassen, nahm mich die Psychologin einfach in den Arm, was bestimmt eine eher seltene Geste ist. Endlich konnte ich weinen, versprach, weiterzukämpfen und nicht aufzugeben. Es war der 27. März 2019, den ich heute als meinen zweiten Geburtstag feiere.

Die vielen Therapien taten mir gut, der Zusammenhalt unter den Patienten erwies sich als Bestätigung. Als wir uns bei einer Übung gegenseitig jene Eigenschaften auf ein auf dem Rücken befestigtes Papier schreiben mussten, die wir in den anderen sahen, las ich – nachdem mir der zusammengefaltete Zettel überreicht worden war – die aufbauenden Worte, erkannte Wertschätzung und Respekt und konnte trotzdem nicht glauben, dass ich damit gemeint war. Viel anderes wurde mir ebenfalls erst im Verlauf von etlichen Wochen bewusst. Wer psychisch in eine Negativspirale gerät, verliert häufig den Kontakt zu seinen Sinnen. Riechen, sehen und hören. Ein winziges Stück Schokolade oder das intensive Schnuppern an meinem Lieblingsduft – Vanille –, das Fokussieren auf eine Farbe in der Natur, das bewusste Hören von Klängen und Geräuschen zeigte mir, dass ich sehr lange Zeit limitiert gelebt und auf viele Freuden verzichtet hatte. Mit Atemübungen wurde der Zugang zum Körper hergestellt. Anfänglich fiel es mir unglaublich schwer, mich fallen zu lassen, verwendete meine ganze Kraft darauf, dass dies nicht stattfindet und konnte erst nach langer Zeit loslassen, um jenen sicheren Zustand herzustellen, der mir Bodenhaftung vermittelte. Während des Aufenthaltes in der Tages-Klinik machte ich zudem eine wichtige Bekanntschaft: mit meinem Kindheit-Ich. Ich wurde gewissermaßen plötzlich Vater von einem vier- und einem zehnjährigen Jungen. Für diese lernte ich im Verlauf der Therapie Verantwortung zu übernehmen, wenn ich auf dieser Altersstufe agierte und reagierte. Ich lernte, selbstbewusst den Lead als Erwachsener zu übernehmen, was natürlich einen Einfluss auf mein Verhalten in Krisensituationen hatte und zu positiven Veränderungen beitrug. Ich lernte, adäquate Strategien entwickeln, wie ich mit männlichen Personen umgehe, bei denen ich mich gefährdet und schwach erlebte, was mich in der Vergangenheit zu Machtspielen und Reaktionen verleitete, die sich als kontraproduktiv erwiesen. Wurde ich innerhalb der Gesprächstherapie in die Kindheit zurückgeworfen, bemerkte es meine spätere Therapeutin, die mich bis zum heutigen Tag umsichtig begleitet, an den Augen. Erstarrt saß ich dann auf dem Stuhl. Nur die Pupillen wanderten auf der Suche nach einem Ausweg rastlos umher. Mit der Zeit konnte ich in solchen Situationen in mein Leben als erwachsener Mann zurückfinden und erlangte auch in anderen Bereichen Sicherheit. Wie oft hatte ich mich in meinem Leben gefühlt, als würde der Grund unter mir wanken. Stets war damit eine traumähnliche Situation verbunden: In hohem Wasser standen Pfeiler, die den Schiffen für das Anlegen dienen. Ich stand auf einem Pfeiler. Er schwankte. Ich wollte mich mit einem Sprung auf den nächsten Pfeiler retten, doch dieser gab nach, ich drohte, im Wasser zu versinken und zu ertrinken. In der Tagesklinik malte ich ein kleines Bild. Ein langer Steg führt in das Meer hinaus. Er verfügte ebenfalls über instabile Pfosten. In der Ecke sitzt ein Tiger, der bisher in einem Käfig gefangen blieb, obwohl die Türen offen standen. Ich bin der Tiger. Ich hatte meinen Käfig verlassen, machte die ersten Schritte in der Freiheit und bald würde ich den Steg betreten, der bis an den Horizont reicht.

Im Austrittsbericht stand, was der spätere psychiatrische IV-Gutachter, nach einem zweistündigen Treffen mit mir, pauschal in Abrede stellte: „Herr Gross konnte zunehmend Verantwortung für das eigene Bewerten und Verhalten übernehmen und Zusammenhänge mit der Biografie und den traumatischen Erlebnissen herstellen (...), wobei er veränderungsmotiviert arbeitete." Die Psychiaterin der Tagesklinik stellte fest, dass viele Verbesserungen erreicht worden waren. Sie hatte offenbar während der ganzen Behandlung die Symptomatik einer posttraumatischen Belastungsstörung festgestellt und kam zum Schluss, dass eine weitergehende traumatherapeutische

Behandlung notwendig sei, damit weitere Fortschritte erzielt werden könnten.

Nach vier Monaten war meine Stabilität so weit hergestellt, dass ich in meinen Alltag zurückkehren durfte. Ich war glücklich, wieder mit meiner Partnerin zusammen zu sein, freute mich unglaublich auf unsere Zweisamkeit. Auch hinter ihr lag eine schlimme Zeit, hatte sie mich doch geschwächt, krank und sehr unglücklich erlebt. Ich konnte mich in jeder Situation auf sie verlassen, sie blieb mein Anker in dunkelsten Stunden. Ich weiß nicht, was ohne Doris aus mir geworden wäre. Nun waren wir wieder vereint, erfreuten uns an unserem kleinen Paradies, das mehr denn je einen Ort der Sicherheit und Ruhe war. Dass ich von den Ärzten der Klinik zu hundert Prozent arbeitsunfähig geschrieben wurde, erfüllte mich allerdings mit Unruhe und Sorge. Ich wollte nicht arbeitsunfähig sein. Ich wollte keine Invaliditätsrente. Ich wollte niemals auf dem Sozialamt landen. Doch alles dauerte länger als gedacht. Bereits 2018 war ein vorsorglicher IV-Antrag gestellt worden, was einer gesetzlichen Bestimmung entspricht. Da der Antrag noch immer nicht behandelt worden war, der beauftragte Gutachter schließlich durch die IV ermahnt werden musste, endlich tätig zu werden, hing ich nun zwischen Himmel und Erde. Einerseits konnte ich von den Hilfeleistungen der IV nicht profitieren, um mittelfristig in den Arbeitsmarkt zurückzukehren. Andererseits war ich zu hundert Prozent krankgeschrieben und konnte mich auch nicht an das RAV wenden, um jene berufliche Zukunft aufzugleisen, die ich für mich vorhatte. Dieser Zustand sollte noch absurde Ausmaße annehmen. Doch davon später. Im Sommer 2019 kaufte ich mir ein E-Bike und tat, was auf Anraten der Psychiater gut für die Seele ist und somit einem depressiven Rückfall vorbeugen kann: Ich hielt mich viel in der Natur auf. In der Tagesklinik hatte ich mir zudem einen Kindheitswunsch erfüllt. Das aus zweiter Hand gekaufte Saxofon kam nun fast täglich zum Einsatz. Meine Psychologin, bei der ich mich wöchentlich in ambulanter Therapie befand, begleitete mich, wie erwähnt, umsichtig und bis zum heutigen Tag auf dem Weg meiner Genesung, die mit vielen Fortschritten und einigen Rückschritten verbunden war, im Großen und Ganzen aber – so entsprach es zumindest meinem Eindruck – vielversprechend verlief. Es war also nicht so, dass nach dem Verlassen der Tagesklinik nichts mehr geschah, die Diagnose beiläufig und ohne Anspruch auf zusätzliche Veränderungen gestellt worden wäre. Die Notizen meiner Psychologin, von denen sie Dutzende verfasste, lassen erahnen, was, unter anderem, in der weiterführenden Therapie stattfand: „Die Bearbeitung schlimmster Situationen, die der Patient als Fünfjähriger erlebt hatte. Die Vermittlung von Beruhigung und Sicherheit bis hin zur Körperebene, wobei der Energiefluss wahrgenommen wird und schließlich auch die Erdung stattfinden kann. Die Stärkung des Erwachsenen im Sinne der Realisierung von Kompetenzen und deren Empfindungen durch die Möglichkeit zu reagieren, wenn er von Angst und dem Gefühl des Untergangs überflutet wird." Dass man mir auch in diesem Rahmen Glauben schenkte, war ein riesiger Trost für mich. Indem ich mich abermals mit meiner Vergangenheit befasste und aussprechen konnte, was geschehen war, nahm ich mich auch als Person ernst und konnte mein Selbstbewusstsein weiterhin verbessern. Dass auch die weiterführende Therapie ein Erfolg wurde, ist meiner Psychologin zu verdanken, aber auch mir selbst, denn ich leistete weiterhin die notwendige Arbeit, damit mein Leben erneut in positive und produktive Bahnen gelenkt werden konnte. Das war zumindest mein Wille und meine Hoffnung.

DER GUTACHTER

Im Januar 2020 wurde ich aufgefordert, mich der Begutachtung zu stellen, die mit meinem IV-Antrag verbunden war. Die entsprechende IV-Stelle in Frauenfeld nannte mir den Namen eines Facharztes für Psychiatrie und Psychotherapie mit dem Schwerpunkt forensische Psychiatrie und Psychotherapie. Heute weiß ich: Er hatte einen schlechten Ruf und war zu diesem Zeitpunkt sogar in eine Strafuntersuchung verwickelt. Dabei ging es um ein Ereignis, das sich während seiner Tätigkeit als Gefängnisarzt zugetragen hatte. In dieser Funktion hatte Richard Ascher einem Insassen, der sich in einem Methadonprogramm befand, eigenmächtig und gegen dessen Willen, die Dosis der Substitution sukzessive verringert, was einem Zwangsentzug gleichkam. Der Strafbefehl lautete auf einfache Körperverletzung, was beim angesehenen journalistischen Onlineportal „Republik" zu einem ausführlichen Artikel mit dem Titel „Amtsmissbrauch eines Amtsarztes" führte. Verwiesen wurde auch auf einen anderen Fall, den „Mord auf dem Ricken", in den Richard Ascher verwickelt war. Ein bis dahin unbescholtener Bauer hatte, aus dem Nichts heraus, drei Menschen aus seinem Umfeld mit einem Hammer angegriffen, zwei Personen schwer verletzt und eine Person getötet. Ein umgekehrter Besen und ein herumliegendes Elektrokabel hätten ihn zur Wahnsinnstat verleitet, gab er später zu Protokoll. Für die Staatsanwaltschaft und die involvierte Polizei war offensichtlich, dass der Mann vermutlich in geistiger Umnachtung zugeschlagen hatte und es sich um einen Fall für die Psychiatrie handelte. Richard Ascher, der in einem hundertdreißigseitigen Gutachten die Lebensweise und das Verhalten des Täters beurteilte und diesen als Jammerlappen und Schmarotzer darstellte, sah es anders. Den Mann zu verhätscheln, bringe nichts, befand der Psychiater, Hoffnung auf Besserung gebe es nicht. Der Täter wurde aufgrund des psychiatrischen Gutachtens mit zwanzig Jahren Freiheitsentzug bestraft, nach der Verbüßung – so wurde entschieden – solle er in die Verwahrung gehen. Das Blatt wendete sich erst im Appellationsverfahren. Das Kantonsgericht bestellte ein neues psychiatrisches Gutachten, da Richard Ascher bei seiner Arbeit nicht mit der notwendigen Objektivität vorgegangen sei, wie geurteilt wurde. Der Zweitgutachter kam zu einem völlig anderen Schluss, diagnostizierte beim neunundvierzigjährigen Täter eine ausgeprägte Schizophrenie – und ging von einer zur Tatzeit vollkommen aufgehobenen Einsichts- und Steuerungsfähigkeit aus (Quellen: republik.ch/ostschweiz.ch). Der Mordvorwurf wurde fallen gelassen, die Freiheitsstrafe zugunsten einer psychiatrischen Maßnahme aufgehoben. Wäre es nach dem Willen von Richard Ascher gegangen, hätte der psychisch kranke Mann den Rest seines Lebens ohne fachliche Hilfe hinter Gittern verbracht.

Von all dem wusste ich nichts, als mir der Name meines Gutachters – Richard Ascher – genannt wurde und von meinem Recht, einen Gutachter ablehnen zu können, wusste ich nichts. Natürlich konsultierte ich seine Webseite und las irritierende Sätze, wie „Manche Menschen muss man zur Gesundheit zwingen“, fügte mich aber der Anordnung der IV-Stelle Frauenfeld, die, so weiß ich heute, einen Gutachter wählte, der als auftraggeberfreundlicher *Hardliner* bekannt war und seine Machtstellung bereits verschiedene Male missbraucht hatte, was sogar in der Fernsehsendung „Kassensturz“ thematisiert wurde. Am 21. Januar begleitete mich eine Fachfrau, die mit meiner Psychologin zusammenarbeitete, zum Treffen mit dem Psychiater. Wir trafen in den Morgenstunden bei ihm ein. Er öffnete die Türe seiner Praxis nur einen Spalt weit, befragte uns genau, wer wir seien und löste erst danach die innere Sicherheitskette. Er hatte offensichtlich Angst und offenbar bereits mehrfach Besuch von Menschen erhalten, die er in seinen Gutachten demütigte und verachtete. Als ich ihm gegenüberstand, verstand ich, warum er auf der Webseite auf seine „unter Umständen einschüchternde Positur“ aufmerksam gemacht hatte: Ein Hüne, fast zwei Meter groß und bestimmt hundert Kilogramm schwer, hieß uns, im Wartezimmer, einer Art Abstellkammer, Platz zu nehmen. An diesem Tag war er allein und während der Begutachtung nahm er verschiedene Telefonate entgegen, händigte einem Patienten an der Türe Medikamente aus und führte auch ein telefonisches Gespräch mit seiner Frau. Ob er dadurch abgelenkt wurde, weiß ich nicht. In diesen Pausen konnte ich mich immerhin ein wenig fangen, denn die rund zweieinhalbstündige Befragung erwies sich als in jeder Hinsicht anstrengend. Zuvor hatte mich der Arzt über den Sinn und Ablauf der Untersuchung aufgeklärt und mich vor allem wissen lassen, dass alle meine Aussagen gegen mich verwendet werden können. Ich fühlte mich beinahe als Krimineller, gab jedoch offen und ehrlich Auskunft. Manche Fragen, die ich im Nachhinein als tendenziös beurteile, hätten mich vielleicht stutzig machen sollen. Dass er von Anfang an seine Vorurteile und Meinungen bestätigt sehen wollte, er in IV-Antragstellern mit psychischen Problemen grundsätzlich Sozial-Schmarotzer sah und er mir in diesem Sinn auch jedes Wort im Mund umdrehen würde, erfuhr ich erst Monate später. Unvermittelt ließ er mich nach der Befragung wissen, er müsse auch eine körperliche Untersuchung durchführen. Ich war extrem überrascht, reagierte irritiert und verunsichert, schaffte es nicht, auf einem Bein zu stehen, fühlte, wie sich die Angst in mir ausbreitete. Am meisten interessierte er sich jedoch für meine *Tattoos* und dabei für jenen Satz, den ich mir vor nicht allzu langer Zeit, nach dem letzten Klinikaufenthalt, auf die Innenseite des rechten Unterarmes hatte stechen lassen: „Geniesse den Augenblick, denn er ist dein Leben“. Zweifelsohne, so weiß ich heute, interpretierte er diese mir wichtige und hart erkämpfte Einsicht, die ich in meinem Leben so lange vernachlässigt hatte, als Beweis dafür, dass ich am liebsten auf der faulen Haut liege.

Nach der Untersuchung war ich wie gerädert, die eigentliche Reaktion zeigte sich aber erst rund dreißig Stunden später, bei einer Art Akupunkturbehandlung, die der Aktivierung verschiedener Organe diente, vor allem aber die innere Ruhe fördern sollte. Ich lag wie angenagelt auf der Matte, um mich plötzlich wie schwebend zu fühlen. Die Decke wurde zu meinem Feind. Sie senkte sich langsam herab und drohte mich zu erdrücken. Ich kämpfte um mein Leben, versuchte mit aller inneren Kraft zu verhindern, dass ich bei lebendigem

Leib begraben werde. Wie so oft, sah man mir äußerlich nicht an, welcher Sturm in meinem Innern tobte, ein Umstand, der Menschen schon öfter in Staunen versetzte, und als mir die Therapeutin nach einer halben Stunde das Zeichen gab, die Nadeln zu entfernen und ich ihr von diesem Erlebnis erzählte, ließ sie mich wissen, dass sie nichts geahnt und die Tränen auf die Entlastung zurückgeführt habe, die in dieser Therapie normalerweise stattfinde. Zu Hause brach ich abermals in Tränen aus und heute denke ich, dass mein Unterbewusstsein bereits ahnte, dass Richard Ascher den Sargdeckel auf mich fallen lassen wollte. Der negative IV-Vorbescheid, der auf seinem Gutachten beruhte, erreichte mich im Frühjahr 2020. Man befand mich nun für voll arbeitsfähig, ein Anspruch auf berufliche Maßnahmen bestehe nicht. Heute weiß ich: Viele Behauptungen des Gutachters waren inhaltlich erwiesenermaßen falsch und anderes wurde böswillig interpretiert und verdreht. Noch schlimmer finde ich einen anderen Umstand: Ein vorbestrafter und als tendenziös bekannter „Fachmann" entschied, dass ich kerngesund sei und somit sofort zu hundert Prozent in das Berufsleben zurückkehren könne. Ich wollte nie eine hundertprozentige IV, sondern wünschte mir eine kleine Teilrente, die mir den Wiedereinstieg ermöglicht hätte, damit ich irgendwann wieder mehr arbeiten und ganz auf diese staatliche Unterstützung verzichten konnte. Ebenfalls setzte sich der Gutachter über alle Einschätzungen und Diagnosen hinweg, die ausgewiesene Psychiaterinnen und Psychiater in den vergangenen Jahren gemacht hatten. Ich war fassungslos.

Auch andere Menschen mit psychischen Problemen kennen es: Wenn man sich so weit erholt hat, können einen Ereignisse, die gesunde Menschen verkraften, wieder massiv zurückwerfen. So war es auch bei mir. Ich gelangte in eine Art Hoffnungslosigkeit, fühlte mich nicht ernst genommen und schlussfolgerte, was einer Tatsache entsprach: Einmal mehr glaubte man mir nicht. Den Entscheid empfand ich als Missachtung meiner Geschichte, meiner Person und meiner Zukunft. Einen oder zwei Tage später fuhr ich mit dem Fahrrad von Müllheim nach Frauenfeld und erinnerte mich an die damaligen Gedanken:

Muss ich mich von einer Brücke stürzen? Muss ich mich selbst verletzen, bevor man mir glaubt? Äußere Wunden werden ernst genommen, doch innere Wunden können ignoriert und in Abrede gestellt werden, weil sie nicht sichtbar sind. Und ein anderer Gedanke, der mit einer riesigen Enttäuschung verbunden ist, begleitet mich bis heute: Jahrzehntelang war ich ein vorbildlicher Arbeitnehmer gewesen, hatte fünfunddreißig Jahre lang in die entsprechenden Versicherungen einbezahlt. Dann verbrachte ich viele Monate in Kliniken, erhielt komplexe psychische wie physische Diagnosen, die durch entsprechende Experten gestellt und durch andere bestätigt wurden. Doch als ich den Staat um Hilfe bat, wurde mir diese verweigert. In meiner Verzweiflung, die der Antragsablehnung folgte, kontaktierte ich meine Bezugsperson, die mit der Klinikgruppe und meiner Psychologin zusammenarbeitete, und schilderte ihr meine Gefühle. Sie war alarmiert, riet mir, mich einweisen zu lassen und mich in den folgenden beiden Tagen alle paar Stunden bei ihr zu melden, damit sie sicher sein konnte, dass es mir gut ging.

Das Wochenende verbrachte ich zu Hause, bleiern und extrem erschöpft. Am Montag nahm ich den Termin bei meiner Psychologin wahr. Im Wartezimmer brach ich in Tränen aus. In der Sitzung konnte ich mich beruhigen, sehnte mich nun aber nach dem sicheren Umfeld der Klinik. Mein erneuter Aufenthalt in der Psychiatrie, der am 12. Mai 2020, also einen Tag vor meinem vierundfünfzigsten Geburtstag stattfand, fiel in die Zeit der Pandemie. Am Abend durfte ich nicht in die eigenen vier Wände zurückkehren, was sich für Doris und mich als Herausforderung erwies, waren wir doch noch nie so lange getrennt gewesen. Um eine Einsprache zu lancieren, blieben nur knappe zwanzig Tage Zeit. Da der IV-Vorbescheid über eine Woche lang beim entsprechenden Sozialversicherungszentrum lag, bevor er mich erreichte, wurde diese Frist zusätzlich massiv verkürzt. Meine Partnerin und die Organisation Procap, die sich in der juristischen Beratung auch auf Einsprachen bei IV-Entscheiden spezialisiert hat, unterstützten mich tatkräftig, damit der Einwand rechtzeitig formuliert und an die Adresse der zuständigen IV-Stelle in Frauenfeld verschickt werden konnte.

Mir mangelte es zu diesem Zeitpunkt – ich befand mich bereits in der Klinik – an Kraft, um selbst alle Hebel in Bewegung zu setzen. Heute weiß ich, dass dies durchaus einer Strategie entspricht: Wohl wissend, dass Menschen, die in IV-Verfahren stecken, meist mit schwerwiegenden gesundheitlichen Problemen kämpfen und dementsprechend geschwächt sind, gehen die zuständigen Versicherungen und ihre auftraggeberfreundlichen Helfershelfer davon aus, dass sich die Betroffenen gegen Unrecht, das für sie schwerwiegende Konsequenzen nach sich zieht, nicht wehren können. Auch ich war mit der IV-Situation komplett überfordert, legte mein Schicksal in die Hände von anderen. Meinen Zustand verglich ich in dieser Zeit einmal mit einem wertvollen Oldtimer, der jahrzehntelang gut funktionierte, doch eines Tages benötigte er einige Ersatzteile, die ihm zugestanden und bestellt wurden. Der Einbau fand allerdings nur halbherzig statt, die Bemühungen, eine Werkstatt zu finden, die diese zeitintensive Aufgabe übernehmen könnte, scheiterte, da man dem Oldtimer beschied, er könne auch in diesem Zustand fahren. Das war unmöglich. Seither muss der Wagen von Hand und von hinten angeschoben werden. Genauso fühlte ich mich.

In der Klinik stellte ich mich erneut den Gesprächstherapien und erinnere mich in diesem Zusammenhang an ein gutes Erlebnis. In einer Situation drängte mich eine junge Betreuerin mit aggressiven Fragen in die Enge, doch nun war ich zum ersten Mal fähig, „Stopp" zu sagen. Es kostete mich Kraft, aber ich konnte das Gespräch dezidiert anständig beenden und gleichzeitig spürte ich meinen Körper, der sich vor einer Strafe fürchtete. Ihr Einwand, man müsse über das Zurückliegende sprechen, lehnte ich ab, nahm den Kontakt nach ihrer Rückkehr aus den Ferien aber wieder auf, führte ein klärendes Gespräch, bei dem ich meinen Standpunkt vertreten konnte. Meine externe Psychiaterin äußerte sich zufrieden über diesen Fortschritt, der mir zeigte, dass ich auf einem guten Weg war, der dennoch oder gerade deswegen noch mehr Zeit benötigen würde und schmerzhaft wurde ich mir bewusst, dass man mir diese Zeit nicht zugestehen wollte. Die Ergo-Therapie hatte in dieser schwierigen Zeit einen beruhigenden und aufbauenden Effekt.

Holz zu bearbeiten, zu schnitzen, zu schleifen und zu polieren, vermittelte mir Ruhe und die Gewissheit, etwas erschaffen zu können. Die uralten Bäume im Park faszinierten mich ebenfalls und einen wählte ich als meinen persönlichen Kraftspender, den ich fast täglich besuchte.

Die Wochen zogen ins Land, die Angst vor der Zukunft, die mit dem negativen IV-Vorbescheid verbunden war, belastete mich stark. Noch in der Klinik konfrontierte mich der Chefarzt eines Tages zudem mit einer Aussage von Richard Ascher. Bisher war mir der Inhalt des Gutachtens unbekannt gewesen, doch nun erfuhr ich, Ascher gehe von einer narzisstischen Persönlichkeit aus und sehe darin den Kern aller Probleme, sprich: Die bisher involvierten Ärzte befanden sich mitsamt ihren Diagnosen im Unrecht und verstanden somit nichts von ihrem Fach. Als Beweis für den Narzissmus-Verdacht, der sich wie ein roter Faden durch das Gutachten zog und ihn zu unzähligen Schlussfolgerungen verleitete, führte Richard Ascher eine Bemerkung ins Feld, die ich im Gespräch mit ihm gemacht hatte: Ich sei stolz gewesen, als man mich auf der Privatbank aus dreihundert Mitbewerbern ausgewählt habe. Ich musste den Begriff Narzissmus zuerst googeln und war entsetzt darüber, was er bedeutet und mit welchen Eigenschaften er verbunden wird. Um diesen Punkt abzuklären, ordnete die Klinikgruppe eine Persönlichkeitstestung an, der ich mich im Frühsommer 2020 unterzog. Das Resultat? Der Wert im wissenschaftlich anerkannten „Persönlichkeit Stil- und Störungsinventar" fiel im Bereich „ehrgeizig-narzisstisch" tief aus und war somit komplett unauffällig. Das gesamte Gutachten von Richard Ascher las ich erst einige Zeit später durch und empfand es als schallende Ohrfeige für mich, jedoch, wie erwähnt, auch für die involvierten Psychiater und Psychologen, die allesamt als Ignoranten dargestellt wurden, die ihren Patienten unnütze Befunde aufschwatzen. Die durch verschiedene Fachleute gestellten und bestätigten Diagnosen, darunter die komplexe posttraumatische Belastungsstörung, wurden als „falsch" und „unsinnig" bezeichnet. Richard Ascher bestritt grundsätzlich, dass in der Kindheit gemachte traumatische Erfahrungen einen

Einfluss auf das Leben eines Erwachsenen haben, wenn dieser eine Zeit lang und manchmal sogar viele Jahre lang, „normal" gelebt habe. Auch dieser Punkt ist inhaltlich falsch. Man weiß, dass vor allem Erwachsene, die in der Kindheit Misshandlungen und Vernachlässigung erfahren haben, sich oft nicht oder nur bruchstückhaft erinnern können oder das Gewesene auch verdrängen. Dass der Prozess des Sicherinnerns eine langwierige Sache sein kann und eine nicht erkannte und unbehandelte posttraumatische Belastungsstörung verschwindet auch nicht einfach, sondern kann sich zu einem viel späteren Zeitpunkt manifestieren. Meine geschilderte Angstsymptomatik kanzelte der Gutachter mit den Worten ab, eine solche liege nicht vor, da ich Velo fahre und Saxofon spiele. So ging es über vierzig Seiten lang weiter. Beim Durchlesen beschlich mich das Gefühl, dass er kranke Menschen grundsätzlich als Betrüger und Faulpelze sieht. Nebst unzähligen Unterstellungen, Beleidigungen und Anschuldigungen, befand er – verkürzt gesagt –, dass ich ein Simulant bin, beziehungsweise mir die eingeredeten Diagnosen der involvierten Psychiater und Ärzte zunutze mache und mich in der selbst gewählten Opferrolle wohlfühle, was, unter dem Strich betrachtet, mein einziges Problem sei. Dieser Vorwurf schmerzte, denn ich hatte ihm erzählt, wie viel Kraft mich die Auseinandersetzung mit meiner Vergangenheit kostete und wie engagiert ich meinen Wunsch, wieder ins Berufsleben zurückzukehren, verfolgte.

OHNE SPRUNGTUCH

Die Fachleute der Klinikgruppe wurden nicht tätig, stellten sich dem Gutachten nicht entgegen und auch meine zigfache Bitte, dringend benötigte Unterlagen an die IV nachzureichen, wurde lange ignoriert. Ascher reagierte auf die ihm später übermittelten Auswertungen der neurologischen Befunde, indem er ausrichten ließ, sie würden nichts an seiner Beurteilung ändern. Rückblickend gefährdete er mit seiner fehlerhaften Arbeit meine körperliche Gesundheit und nahm in Kauf, dass ich abermals in eine psychische Krise gerate. Ich bin kein Einzelfall. Aufgrund von diversen problematischen Fällen, die an die Öffentlichkeit gelangten, wie die Onlineplattform sozialinfo.ch bereits im Jahr 2020 zu berichten wusste, zogen Medien und Politik die Qualität und die Unvoreingenommenheit von IV-Gutachten schon länger in Zweifel. Die Intransparenz der Verfahren sowie die mangelnde Unabhängigkeit der Gutachter wurde angeprangert. Die Resultate einer durch das Eidgenössische Departement des Inneren (EDI) in Auftrag gegebenen Untersuchung, an der ich selbst teilgenommen hatte, bestätigte anhand von konkreten Fällen, wie kranke Menschen „am Schreibtisch gesundgeschrieben" werden. Da die IV unter Spardruck stehe, bevorzuge sie bei der Auftragsvergabe Gutachterinnen und Gutachter, „die tendenziell gegen die Versicherten und zugunsten der IV urteilen", schrieb der Beobachter. Zudem wurde offenbar, dass manche Gutachterinnen und Gutachter, die Aufträge in Millionenhöhe erhielten, sich die Arbeit mit Copy-Paste-Berichten einfach machten und zahlreiche gleichlautende Berichte verfassten. Da weder die Vergabe nachvollziehbar dokumentiert sei, noch die Gespräche aufgezeichnet würden, hätten die Betroffenen kaum eine Handhabe, sich gegen willkürliche und unfaire Entscheide zu wehren, hieß es. Diese Missstände hatten politische Konsequenzen und im Januar 2022 wurde eine unabhängige außerparlamentarische Kommission eingesetzt, deren Mitglieder die Qualität der

Gutachten und die Ergebnisse künftig beurteilen und gewährleisten. Andere gesetzliche Neuerungen, die mit der Weiterentwicklung der IV verbunden sind, müssen heute umgesetzt werden. Im Sinne der Transparenz werden jene Interviews, die Gutachter und Patienten führen, nun akustisch aufgezeichnet und ebenfalls wird ein sogenanntes Einigungsverfahren eingeführt, bei der sich beide Parteien – also IV und Patient – auf einen Gutachter einigen müssen. Die IV-Stellen müssen zudem eine öffentlich zugängliche Liste mit Angaben zu den von ihnen beauftragten Sachverständigen führen. Und: Für die medizinischen Sachverständigen werden neu Anforderungen an ihre beruflichen Qualifikationen definiert.

Ein Bekannter von mir, ein Jurist, der auf Versicherungsfälle spezialisiert ist, arbeitete meinen IV-Entscheid später Punkt für Punkt durch und erstellte eine ausführliche Analyse. Er kam unter anderem zum Schluss, dass die im Kapitel „Diagnosen" gemachten Aussagen und angeführten Beweise unzutreffend sind und einen falschen Eindruck erwecken. Angezweifelt wurden auch die aus dem Ärmel geschüttelte Einschätzung, ich leide weder an einer Depression noch an einer komplexen posttraumatischen Belastungsstörung, sondern verfüge über narzisstische Züge. Eine andere unverschämte Unterstellung des Gutachters hielt dieser Jurist ebenfalls für unbegründet: Es sei mit einer Einstellungsänderung zu rechnen, wenn der Versicherte merke, dass er mit seinen Trauma-Therapeuten nicht weiterkomme, auch nicht bei der IV. Mein Bekannter fand: „Wenn dies so klar beziehungsweise zutreffend wäre, stellt sich die Frage, wieso weder der regionale ärztliche Dienst der Invalidenversicherung (RAD) noch die IV-Stelle den Versicherten mit Verweis auf die Schadenminderungspflicht aufforderte, sich, zumindest ergänzend, einer anderen medizinischen Therapieform zu unterziehen." Sein Schreiben umfasste viele Seiten, machte auf unzählige Fehler und fragwürdige Schlussfolgerungen aufmerksam und endete unter anderem mit dem Ratschlag, unbedingt auf einem psychiatrischen Gegengutachten zu bestehen. Es bedürfe einer Einschätzung und Beurteilung durch einen Facharzt für Psychiatrie und Psychotherapie mit

Zusatzausbildung und Anerkennung als Versicherungsmediziner/ Gutachter. Ein qualifizierter Facharzt müsse aufzeigen, weshalb nicht auf das erste Gutachten abgestellt werden kann. Gleichzeitig warnte mich mein Bekannter damals: Es handle sich im Normalfall um ein sehr schwieriges Unterfangen.

Doch zurück zu meinen Problemen im Jahr 2020: Einerseits war ich von den Ärzten zu hundert Prozent arbeitsunfähig eingestuft worden, andererseits beurteilte mich der Gutachter und somit die IV zu hundert Prozent arbeitsfähig. Mein Krankentag-Geld lief im September 2020 aus. Ich geriet unter enormen Druck, konnte bei meiner Psychiaterin erreichen, dass sie mich zu zwanzig Prozent gesundschrieb und begab mich sofort auf Stellensuche. Nun kam abermals das RAV ins Spiel. Ich wandte mich an die dortige Stelle für Menschen mit einer offenen IV-Akte, denn als solche betrachtete ich meinen Fall zu diesem Zeitpunkt. Ich hoffte, von einer Maßnahme profitieren zu können, die eine berufliche Wiedereingliederung möglich macht. Bezweckt wird mit solchen Einsätzen die Erhaltung und Verbesserung der Arbeitsmarktfähigkeit von gesundheitlich angeschlagenen Menschen. In einem solchen zeitlich begrenzten Setting wird auf die Bedürfnisse und Ressourcen der Teilnehmer eingegangen, mit dem vernünftigen Ziel, dass sie das Pensum sukzessive erhöhen können und nicht für immer erwerbslos bleiben. Man beschied mir, der negative IV-Vorbescheid gelte als verbindlich, bis ein anderes Ergebnis vorliege, Hilfe bei der Arbeitssuche stehe mir nicht zu und im selben Atemzug warf mir die zuständige Sachbearbeiterin vor, ich wolle das System ausnutzen. In diesem Sinn verlief auch das Gespräch bei der Abteilung „Integration“ der IV-Stelle Frauenfeld. Der Mitarbeiter bezeichnete mich als „Totalschaden“. Ein Anrecht auf eine berufliche Maßnahme bestehe erst, wenn ich wieder halbtags arbeitsfähig sei, wurde mir beschieden. Ich war fassungslos und meldete mich in den folgenden Wochen selbstständig bei vielen Hilfs-Organisationen. In Anbetracht meiner geringen Leistungsfähigkeit zu diesem Zeitpunkt lautete die Antwort immer gleich: „Sie sind in einer schwierigen Situation, doch wir können Ihnen nicht weiterhelfen.“ Mein Gefühl, dass Ämter

Menschen, die im Moment weniger als fünfzig Prozent arbeiten können, einfach abschreiben und nichts mehr unternehmen, damit sie im Berufsleben wieder Fuß fassen können, wohl wissend, dass so der Anfang vom Ende eingeleitet wird, bestätigte sich in den folgenden Monaten. Erst nachdem mir beim RAV auf eigene Initiative ein neuer Berater zur Seite gestellt wurde, realisierte ich, dass manches wohl doch im Ermessen jener Fachleute liegt, die bis dahin sämtliche Hilfeleistungen verhindert hatten. Dieser Mann begegnete meiner Situation mit einem gewissen Verständnis und entschied in der Folge mit dem gesunden Menschenverstand. Plötzlich wurde ein Einsatz im „Werk 57" in Frauenfeld und danach bei der Institution „Kompass" in Bischofszell bewilligt. Solche Arbeitseinsätze werden von der regionalen Arbeitsvermittlung finanziert und sind nicht als eigentliche Arbeit anerkannt, was auch bedeutet, dass die RAV-Tage, die einem zur Verfügung stehen, weiterhin abgezogen werden. In meinem Fall waren während der Arbeitszeit zusätzlich Pausen nötig. Ansonsten gab ich Vollgas, hätte bald mehr arbeiten wollen. Was mich in diesem Rahmen traurig stimmte, war, dass ich mehr arbeiten wollte, der Körper aber streikte, während andere mehr hätten arbeiten können, jedoch offensichtlich nicht wollten. Gleichzeitig befand ich mich seit Monaten weiterhin auf Stellensuche im ersten Arbeitsmarkt und es liegt auf der Hand: Arbeitgeber, die einen Zwanzig-Prozent-Job zu vergeben haben, sind rare Ausnahmen. Nicht bereit, die Segel kampflos zu streichen, kontaktierte ich in dieser Phase, den Stadtpräsidenten von Frauenfeld, Anders Stokholm. Zuerst schilderte ich seiner geduldig zuhörenden Chef-Sekretärin, die hinter mir liegende Odyssee und meine vertrackte Situation. Bereits eine Woche später wurde ich in das Rathaus eingeladen. Ich hatte mich gut vorbereitet und nachdem ich mir an einem riesigen Tisch einen Sitzplatz aussuchen durfte, überreichte ich Anders Stokholm mein Bewerbungsdossier. Obwohl er in seiner Funktion bestimmt einen gedrängten Terminkalender zu bewältigen hatte, nahm er sich eine volle Stunde Zeit für mich, behandelte mich mit Respekt und Wohlwollen. Ich erfuhr, dass er früher als Pfarrer und sogar als Chef einer kantonalen

IV-Stelle gearbeitet hatte. Er wusste, wovon er sprach und war vor allem: ein Mensch. Er erkannte zweifelsohne, dass ich unbedingt arbeiten wollte und am Schluss des Gesprächs ließ er mich wissen, er lasse mein Dossier in Frauenfeld zirkulieren. Die Türen öffneten sich nun wie von Zauberhand. Ich wurde zu einem Vorstellungsgespräch in einem Altersheim eingeladen, kommunizierte meine Situation ehrlich und durfte einen Schnuppertag in der Aktivierungsgruppe machen. Später ergatterte ich mir mit dem Zutun von Anders Stokholm ein Praktikum in einer Altersresidenz im sanktgallischen Gossau. Das Strahlen der dortigen Menschen war einfach schön. Einmal durfte ich einen Weihnachtsbaum schmücken, einmal eine Lotto-Veranstaltung leiten. Die Bewohner und Bewohnerinnen erzählten mir ihre faszinierenden Lebensgeschichten. Ich fühlte mich wie ein Fisch im Wasser und blühte richtiggehend auf.

Der Stadtpräsident unterstützte mich, ihm erzählte ich von kleinen Siegen und weiteren Niederlagen. Er war immer erreichbar, meldete sich innerhalb einer Stunde bei mir, stand mir in dieser schweren Zeit bei und heute kann ich sagen, dass Anders Stokholm auch mein angeschlagenes Männerbild positiv beeinflusst hat. An der desolaten Situation konnte er verständlicherweise auch nichts ändern. Ich wollte unbedingt wieder arbeiten, doch sämtliche Bemühungen schlugen fehl. Ich blieb weiterhin zu achtzig Prozent krankgeschrieben, meldete mich aber trotzdem und entgegen der Meinung der Ärzte auch auf viele Halbtagsstellen und wäre bereit gewesen, das Pensum zu erhöhen. Rund hundertsiebzig Bewerbungen blieben ohne Erfolg und ein weiterer Rückschlag setzte mir zu: Mein Einwand auf den negativen IV-Vorbescheid von April 2020, wurde im Herbst 2021 abgewiesen. Sämtliche eingereichten Unterlagen sowie medizinische Berichte und Zeugnisse würden keine neuen medizinischen Tatsachen beinhalten, hieß es. Mithilfe von Procap und auf die Analyse meines Bekannten stützend, formulierten wir in der Folge eine Beschwerde, um die Verfügung aufzuheben. In meiner Verzweiflung wandte ich mich damals sogar an das Bundesamt für Sozialversicherungen (BSV). Mit Verweis auf den in der Schweiz existierenden Grundsatz der Gewaltentrennung, ließ man mich wissen, dass es nicht in der Kompetenz des Bundes liege, in laufende Verfahren einzugreifen und die Gründe für eine Aufsichtsbeschwerde nicht gegeben seien. Meine Einsprache lag bis zum Sommer 2022 beim zuständigen Verwaltungsgericht. Dann erreichte mich das Urteil. Die Hoffnung, dass doch noch zu meinen Gunsten entschieden wird, meine Akte zurück an die IV-Frauenfeld geht, man mir einen unparteiischen Gutachter zugestehen wird, und ich von den gesetzlichen Neuerungen, die im Januar 2022 in Kraft traten, profitieren kann, indem diese rückwirkend zur Anwendung gebracht werden, erfüllte sich nicht. Beim erneut negativen Entscheid wurde auf die gültige Rechtssprechung vor dem 1. Januar 2022 und ebenfalls auf verschiedene bereits gesprochene Urteile verwiesen, auf die sich das Verwaltungsgericht stützte. In epischer Länge wurden zudem sämtliche Vorwürfe und Unterstellungen, die der tendenziöse Gutachter gemacht hatte, wiederholt und für richtig befunden. Indirekt wurde ich in den „Erwägungen" auch getadelt. Es sei nicht geboten, ein Administrativ- oder Gerichtsgutachten stets in Frage zu stellen und zum Anlass weiterer Abklärungen zu nehmen. Diese Zeilen wurden wohlgemerkt verfasst, nachdem Richard Ascher als Gutachter bereits in Verruf geraten war und ebenfalls wusste man zu diesem Zeitpunkt, dass mit der Weiterführung der IV neue gesetzliche Bestimmungen in Kraft traten, die dem Machtmissbrauch von Gutachtern künftig einen Riegel vorschieben. Wie auch immer: Die Beschwerde wurde abgewiesen. Hätte meine Leben zu diesem Zeitpunkt nicht wie durch ein Wunder eine glückliche Wendung genommen, ich weiß nicht, in welche Verzweiflung mich dieses endgültige Urteil gestürzt hätte.

AM ABGRUND

Doch der Reihe nach: Nach über hundert erfolglosen Bewerbungen ratterten die RAV-Tage dem Ende entgegen. Die Notizen meiner Psychologin zeigen auf, wie es mir damals ging. Enttäuschung, Traurigkeit und komplette Erschöpfung mussten in den Therapiestunden behandelt werden, damit ich die folgende Woche durchstehen und die Arbeitssuche fortsetzen konnte. Da ich die Vollkatastrophe, die sich abzeichnete, erkannte, meldete ich mich frühzeitig auf dem Sozialamt meiner Gemeinde und machte auf meine fast mit Sicherheit stattfindende, baldige Aussteuerung aufmerksam. Man ließ mich wissen, der Zeitpunkt sei verfrüht, ich solle vorstellig werden, wenn es so weit sei. Die Schlinge zog sich weiter zu. Am 10. Januar 2022 lief das Arbeitslosengeld aus und somit verlor ich auch meine Praktikums-Stelle in Gossau, die vom RAV finanziert worden war. Verzweifelt meldete ich mich abermals auf der Gemeinde und erhielt nun die Auskunft, mein Antrag auf Sozialhilfe gehe vor die Fürsorgekommission, die den Entscheid fälle, ob ich eine Rente erhalten werde. Auf jeden Fall gelte im Kanton Thurgau die Regel, dass mein privates Vermögen komplett aufgebraucht sein müsse, bevor Hilfe zu erwarten sei, wurde ich aufgeklärt. Die vergangenen Jahre hatten meine Ersparnisse getilgt und nun stand eine Wartezeit bevor, die ich selbst überbrücken musste. Dies gelang noch für den folgenden Monat, danach belief sich mein Kontostand auf vier Franken sechzig. Wäre meine Partnerin nicht eingesprungen, hätte sie nicht meine dringlichsten Rechnungen bezahlt und mir kostenlos Obdach gewährt, wäre ich auf der Straße gelandet.

Wie erwähnt: Ich wollte nie eine volle IV-Rente oder vom Sozialamt abhängig sein, versuchte wirklich alles, um im Berufsleben wieder Fuß zu fassen, doch das war mir trotz vieler Bemühungen nicht gelungen. Ich wurde einem zweifelhaften Gutachter ausgeliefert. Danach wurde ich vom Arbeitsmarkt abgewiesen und von den staatlichen Hilfsstellen im Stich gelassen. Und schlussendlich fiel ich durch sämtliche Raster. Die Vorstellung, künftig im besten Fall von neunhundert Franken pro Monat leben zu müssen und vor mir selbst als Sozialfall dastehen zu müssen, deprimierte mich zutiefst. Doch nicht genug: Die Negativspirale drehte sich weiter. Nach der Prüfung meines Antrages lag die Verfügung der Sozialhilfebehörde Müllheim vor, wobei schnell klar wurde: Sie schöpften eine gesetzliche Besonderheit aus, die in manch anderen Gemeinden nicht zur Anwendung kommt. Sie qualifizierten die Partnerschaft zwischen Doris und mir als „stabile Konkubinats-Gemeinschaft". Diesen Status dürfen die Sozialbehörden eigenständig bestimmen, wenn Menschen, egal ob als WG-Partner oder Paare, seit mehr als zwei Jahren unter demselben Dach leben. Diese Beurteilung wurde mit der Order verbunden, dass auch das Ersparte meiner Partnerin bis auf einen Freibetrag von dreißigtausend Franken aufgebraucht werden muss, bevor mir eine Sozialrente zugesprochen wird. Die Hiobsbotschaft, dass auch ihr Häuschen – das Resultat von jahrzehntelanger Arbeit und einem sparsamen Umgang mit Geld – zu ihrem Vermögen gezählt wird, riss uns den Boden unter den Füßen weg. Nachdem Doris all ihre Vermögenswerte offen und ehrlich dargelegt hatte, erhielt sie den Bescheid, dass sie mich finanziell bis zu meiner Pensionierung – in neun Jahren – durchbringen muss. Bei einem Lohn von dreitausendvierhundert Franken!

Am Tag, als uns die Verfügung erreichte, lebten Doris und ich seit dreizehn Jahren glücklich zusammen. Am selben Abend saßen wir zusammen weinend auf dem Boden. Wir waren geschockt. Heute weiß ich: Nach Einschätzung von Fachleuten sollten Paare niemals zusammenziehen, wenn einer von beiden auf Sozialhilfe angewiesen ist, denn es bedeutet fast zwangsläufig den Anfang vom Ende für beide, wie es bei der unabhängigen Fachstelle für Sozialhilferecht in Zürich heißt (Quelle: Beobachter20/2020). Doch was machen diejenigen, die bereits gemeinsam unter einem Dach leben? Was auch viele andere Konkubinatspaare nicht wissen, traf uns hart: Man schuldet einander Unterhalt, wenn einer von beiden irgendwann Sozialhilfe beanspruchen muss. Dass sich auch unverheiratete

Partner gegenseitig unterstützen, wenn der Partner oder die Partnerin durch Krankheit oder Erwerbslosigkeit finanziell in eine Schieflage gerät, ist selbstverständlich. Dass der Gesetzgeber den zweiten Partner aber unter Umständen ebenfalls in die Armut bringt und diesen dazu zwingt, sein Hab und Gut zu veräußern, empfinde ich – und bestimmt auch viele andere Betroffene, die dem unteren Mittelstand angehören – als ungerecht. Die Sonderreglung, die solche Beschlüsse zulässt, ist in den Richtlinien der Schweizerischen Konferenz für Sozialhilfe (Skos) zu finden. Bei der unabhängigen Fachstelle für Sozialhilferecht in Zürich hatte man den sogenannten „Konkubinatsbeitrag" auch schon als „rechtlichen Sündenfall" bezeichnet, der abgeschafft gehöre, doch für uns war das kein Trost. Als schlimme Vorstellung und doch als Strohhalm erwies sich der Gedanke, dass wir uns räumlich trennten, ich im Dorf eine eigene Bleibe bezog, wir also keine stabile Konkubinatsgemeinschaft mehr bilden würden. Doch diese Möglichkeit, so beschied uns das Sozialamt, sei keine Option, im Gegenteil, mit einer solchen Aktion erschleiche ich mir die Rentenzahlung, was einer strafbaren Handlung gleichkomme.

Dass der Beschluss auch Doris finanziell ruinieren würde, lag aufgrund ihres niedrigen Gehaltes auf der Hand und ebenfalls schien es unvermeidbar, dass sie ihr kleines Haus verkaufen musste, damit der Erlös für meine Unterstützung verwendet werden konnte. In der Zwischenzeit hatte ich nicht mehr nur das Gefühl, dass mir sämtliche Hilfe verwehrt wurde, sondern auch, dass mir aktiv Knüppel zwischen die Beine geworfen wurden – so lange, bis ich endgültig nicht mehr aufstehen konnte. Die Angst vor der Zukunft, die Ungewissheit, wie man unter diesen Bedingungen weiterleben konnte, erfasste uns. Um eine Einsprache gegen den Entscheid der Gemeinde Müllheim zu lancieren, fehlte es mir schlicht an Kraft, der Berg an Sorgen schien mir unüberwindbar zu sein. In der Zwischenzeit hatte ich verschiedene große Probleme am Hals: meine offene IV-Akte, meine instabile Gesundheit, mein Kampf, im Berufsleben wieder Fuß zu fassen und nun die Verfügung des Sozialamtes. Damit das schlimmste Szenario abgewendet werden könne, so erfuhr ich wenig später, bleibe nur eine Möglichkeit: Ich müsste in einen anderen Kanton umziehen. Die Gewissheit, dass ich alles verlieren würde, was mir bisher Sicherheit und Schutz bot und eine große Unterstützung für meine psychische Gesundheit bedeutete – mein Zuhause und die enge Beziehung zu meiner Partnerin –, versetzte mir einen Schlag in die Magengrube. Vorerst schoben wir die schweren Entscheidungen, meinen Wegzug und den Verkauf des Häuschens, vor uns her und versuchten, zu überleben.

Das erste Mal in meinem Leben war ich bankrott und eine Aussicht auf Rettung gab es nicht. Es ist ein seltsamer und furchteinflößender Zustand. Als befände man sich in freiem Fall. Als wäre das Leben und mit ihm alle Pläne und Zukunftsperspektiven beendet. Niemals hätte ich gedacht, jemals in eine solch ausweglose Situation zu geraten. Ich begann abermals, Ämter zu kontaktieren. Erfolglos. In meiner größer werdenden Verzweiflung gelangte ich sogar an das Amt für Migration in Bern. Ich tat mein Verständnis für Menschen mit Migrationshintergrund kund und erwähnte auch, dass ich es toll fände, dass in diesem Bereich ein großes Unterstützungs-Angebot existiere. Gleichzeitig fragte ich, ob es für Menschen wie mich, die sich ebenfalls in einer Notlage befinden, vielleicht auch Hilfe gebe. Die Antwort lautete schlicht und ergreifend: „Nein." Nicht bereit aufzugeben, kämpfte ich weiter und: wurde zum Bittsteller bei karitativen Organisationen. Ich musste meinen Stolz überwinden, fühlte mich manchmal gedemütigt, haderte mit meinem Schicksal und meiner Rolle als „Randständiger", in die ich unverschuldet geraten war. Die durch die Caritas ausgehändigte Liste arbeitete ich dennoch Punkt für Punkt ab. So wertvoll die dort genannten und kontaktierten Organisationen sind: Es müssen Gesuche eingereicht werden, deren Bewilligung verständlicherweise etwas Zeit benötigen und ebenfalls liegt es in der Natur der Sache, dass die gewährte Hilfe temporär ist. Trotzdem empfand ich Dankbarkeit, als die Winterhilfe Thurgau zwei Monate lang meine Krankenkassenprämie übernahm und dank der Caritas erhielt ich eine Bezugsberechtigung für die Organisation „Tischlein deck dich". Ich schämte mich in Grund und Boden, als ich das erste Mal in der Warteschlange stand. Dann wurden meine Taschen für einen symbolischen Betrag von einem Franken mit Nahrungsmitteln gefüllt, die das Haushaltsbudget ein wenig entlasteten. Das Leben von Doris und mir veränderte sich drastisch: Zu zweit von dreitausendvierhundert Franken pro Monat zu leben, ist in unserem Land ein schwieriges Unterfangen. Nach Abzug von Miete, Krankenkasse und laufenden Kosten, blieb nichts übrig. Wir mussten jetzt jeden Franken zweimal umdrehen, konnten uns rein gar nichts mehr leisten. Ein Bier in der Gartenwirtschaft lag nicht mehr drin, für einen Kinobesuch mussten wir sparen. Viele andere Kleinigkeiten, die das Leben lebenswert machen, wurden unmöglich und die Aussicht, dass sich an dieser Situation bis an unser Lebensende nichts ändern würde, empfanden wir beide als schrecklich und hoffnungslos. Ich war in dieser Phase auch frustriert, wütend und fühlte mich erneut komplett wertlos. Meiner Partnerin gegenüber plagte mich ein schlechtes Gewissen. Für sie war die Situation, nach all den belastenden Jahren mit vielen Problemen, die sie mitgetragen hatte, ebenfalls hart. Doch zu keinem Zeitpunkt – das sollten auch die kommenden Monate zeigen – stand unsere Partnerschaft auf dem Spiel, im Gegenteil, die großen Schwierigkeiten schweißten uns im Endeffekt noch enger zusammen und bestätigten uns in unserer Liebe. Psychisch gelangte ich damals dennoch in eine Art Überlebensmodus, ich musste meine ganze Kraft darauf verwenden, nicht unterzugehen und zapfte – im Wissen, dass mich die Situation möglicherweise wieder in die Klinik bringen wird – meine Reserven an, die ich mir in den vergangenen Jahren hart erarbeitet hatte. Es blieb mir nichts anderes übrig, was Richard Ascher vermutlich mit Genugtuung erfüllt, geht er in seinen Beurteilungen doch davon aus, dass kranke Menschen zur Gesundheit gezwungen werden müssen, es ihnen einfach an Willen und Fleiß fehlt, wenn sie nicht voll einsatzfähig sind, es sich um verweichlichte Kreaturen handelt, die man entweder ins Gefängnis stecken oder wieder auf Kurs bringen muss. In seinen Augen sind kranke Menschen offensichtlich nichts wert, was tief blicken lässt und leider auch an Zeiten erinnert, die man am liebsten vergessen möchte. Aufgrund seiner fragwürdigen Ideologie und seiner fachlichen Inkompetenz war ich ganz unten angelangt. Allerdings erschienen mir auch die Bestimmungen und Vorgehensweisen der IV-Frauenfeld fragwürdig, ebenso wie sich die Zusammenarbeit zwischen den einzelnen Stellen und Ämtern als kontraproduktiv und ungenügend erwies. Auch in diesem Bereich hat sich in der Zwischenzeit zum Glück viel verändert: Die Weiterentwicklung der IV trat am 1. Januar 2022 in Kraft. Die Gesetzesrevision brachte insbesondere Verbesserungen für Kinder und Jugendliche, aber auch für Menschen mit psychischen Problemen. Erkannt wurde, dass nicht nur bei der Vergabe und Durchführung von Gutachten, sondern auch im Bereich der beruflichen Eingliederung von Menschen mit psychischen Problemen Handlungsbedarf existiert. Im Zentrum der gesetzlichen Neuerungen stehen eine intensivere Begleitung, eine Ausweitung erprobter Maßnahmen und eine vertiefte Zusammenarbeit mit den behandelnden Ärzten und den Arbeitgebern. Ausdrücklich wird darauf verwiesen, dass die Begleitung und die Zusammenarbeit der beteiligten Akteure verbessert werden muss, was darauf hinweist, dass in der Vergangenheit Missstände herrschten oder wie es in einem anderen Papier formuliert wurde: „Menschen mit psychischen Problemen fielen bisher oft genug durch alle Raster und standen ohne jegliche Hilfe da." Von diesen Einsichten und Verbesserungen können jene, die vor 2022 in ernsthafte gesundheitliche Turbulenzen gerieten, leider nicht profitieren. Wir mussten uns der Willkür fügen und in Kauf nehmen, dass unsere Existenzen ruiniert wurden.

Unsere Wohnsituation wurde zu einem Stressthema und bald schien es unvermeidbar, dass ich in einen anderen Kanton umzog, damit die Existenzgrundlage meiner Partnerin gewährleistet blieb.

Die Vorstellung, mein Zuhause verlassen zu müssen, war, wie erwähnt, unglaublich schwierig für mich, denn es bedeutete auch, dass ich nicht mehr mit meinem Vertrauensmenschen zusammen sein durfte, der mir im Alltag bisher so viel Energie und Trost vermittelte, wenn es mir schlecht ging. Lebt man jahrzehntelang am selben Ort, wird dieser auch zu einer inneren Heimat, die Sicherheit und Schutz bedeutet und zur seelischen Balance beiträgt. Nicht umsonst sagen Psychologen, aber auch Psychiater, dass eine Scheidung, der Tod von geliebten Menschen und ein Umzug zu den einschneidendsten Erlebnissen von Menschen gehören können. So war es auch bei mir. Die Aussicht, wegziehen zu müssen, versetzte mich in Panik. Meine Psychologin begleitete mich in dieser schweren Zeit umsichtig, versuchte immer wieder, Ressourcen zu stärken und mir Mut zu machen, doch die riesige Belastung und ein stärker werdendes Gefühl der Sinnlosigkeit führten dazu, dass ich erneut in eine Krise geriet. Ein weiterer stationärer Aufenthalt stand im Raum, bei dem meine Gesundheit stabilisiert und die vielen Baustellen praktisch angegangen werden sollten, die ich als erdrückend empfand. Die Abteilung war leider voll besetzt. Eine mehrwöchige Wartezeit musste überbrückt werden. Nachdem die Anmeldung auf ungeklärtem Weg verloren gegangen war, wie meine spätere Nachfrage in der Klinik ergab, stand ich allerdings wieder am Anfang der Warteliste. Damals war ich verzweifelt über diese zusätzliche Verspätung, doch heute weiß ich: Es musste vielleicht so sein, denn: Komplett unvermutet nahm mein Leben eine positive Wende.

ALLES WIRD GUT

Nachdem in den vergangenen zwei Jahren hundertfünfundsechzig Bewerbungen erfolglos geblieben waren, hatte ich die Hoffnung aufgegeben, jemals wieder Arbeit zu finden. Eine einzige Bewerbung war noch offen. Beim Zentrum für Labormedizin hatte ich zwar bereits nachgefragt, worauf sie den Eingang meiner Unterlagen bestätigten, doch dann hörte ich nichts mehr von ihnen und nahm an, dass auch dieser Versuch fehlgeschlagen war. Als ich Wochen später eine E-Mail in meinem Postfach vorfand, dachte ich zuerst, es handle sich um die obligate Absage, doch dann schlug mein Herz höher: Sie luden mich zu einem Vorstellungsgespräch ein! In der Vergangenheit hatte ich bei solchen Gelegenheiten oft eine innere Unruhe und Anspannung gespürt, stand doch so viel auf dem Spiel. Doch nun hatte ich nichts mehr zu verlieren, was dazu führte, dass ich den Termin mit einer gewissen Gelassenheit wahrnahm. Sie befragten mich zu meinen immer kürzer gewordenen Arbeitseinsätzen und den vielen Stellenwechseln. Ich gab offen und ehrlich Auskunft, erwähnte auch meine Klinikaufenthalte und dass ich ausgesteuert sei. Die HR-Verantwortliche sprach Sätze, die ich zuvor noch nie gehört hatte. Dass sie es wichtig finde, arbeitswilligen Menschen, die älter als fünfzig Jahre alt sind, eine Chance zu geben. Meine Klinikaufenthalte fand sie nicht schlimm, sondern verglich die Situation mit den USA: „Dort werden jene Menschen, die noch nie beim Psychiater waren, als seltsame Zeitgenossen beurteilt." Ich musste lächeln, so hatte ich es noch nie betrachtet. Auch mein möglicher zukünftiger Vorgesetzter begegnete mir mit Wohlwollen und einem sogenannten Schnuppertag stand am Ende des Gesprächs nichts mehr im Weg. Diesen brachte ich einige Tage später bestens über die Runden, fühlte mich mit Kollegen, die gesittet miteinander umgingen, wohl, erledigte die Aufgaben zügig und vor allem zur vollen Zufriedenheit des Chefs, der mich am Schluss wissen ließ: Wenn die Entscheidung nur bei ihm läge, würde ich am Abend bereits mit dem Arbeitsvertrag in der Tasche nach Hause zurückkehren. Meine Euphorie versuchte ich ein wenig zu dämpfen, hatte es ähnliche Situationen in der Vergangenheit doch bereits gegeben, jedoch ohne abschließenden Erfolg. Ich wollte mich vor einer riesigen Enttäuschung schützen und war umso glücklicher, als man mir Tage später ein gutes Lohnangebot unterbreitete. Zuvor hatte ich eine Entscheidung getroffen. In Absprache mit meiner Psychiaterin wurde beschlossen, dass sie mich erneut zu achtzig Prozent gesundschrieb, ich also in diesem Pensum arbeiten würde. Dieser Schritt bedeutete für mich ein Risiko, doch alles andere hätte an den desolaten Zukunftsaussichten nichts verändert. Ich wusste, dass mit dieser Entscheidung die Gefahr verbunden war, irgendwann erneut einen Zusammenbruch zu erleiden, wollte mir die Chance, endlich in das Berufsleben zurückzukehren, aber unter keinen Umständen entgehen lassen. Ich zählte darauf, was auch meine Therapeutin für möglich hielt: Dass ich im Arbeitsleben anwenden konnte, was ich in den vergangenen Jahren während einigen Klinikaufenthalten und vielen Therapiestunden gelernt hatte.

Mitte März erreichten mich die Zusage und der unterschriebene Vertrag. Das empfundene Glück kann nicht beschrieben werden. Heute sehe ich diesen Erfolg als Resultat all meiner Bemühungen, wieder Arbeit zu finden und gleichzeitig weiß ich, dass mich eine glückliche Fügung vor dem totalen Absturz bewahrt hat. Im Frühling 2022 trat ich die neue Stelle an. Seither ist eingetreten, was ich immer erhofft habe: Nachdem die Talsohle durchschritten ist, geht es irgendwann wieder aufwärts. Mein Vorgesetzter, eine tolle Personalleiterin sowie Kollegen, die sich nicht mit sinnlosen Grabenkämpfen das Leben schwermachen, tragen dazu bei, dass es mir gut geht, obwohl mich das hohe Arbeitspensum bisweilen an meine körperlichen Grenzen bringt. Ich starte am Morgen sehr früh und arbeite bis zum Nachmittag durch. Damit alles gut geht und ich langfristig vollen Einsatz leisten kann, bin ich gerne bereit, meinen privaten Alltag entsprechend zu organisieren. Kehre ich nach Hause zurück, lege ich mich gleich schlafen. Das Saxofon steht verstaubt in der Ecke und für andere Freizeitaktivitäten fehlt es bisweilen an Kraft. Doch das ist alles nichts im Vergleich dazu, wieder selbstständig zu sein, Geld zu verdienen, als Mitglied dieser Gesellschaft zu gelten. Vom internen Fahrdienst, der demnächst eingerichtet wird und dem ich angehören werde, verspreche ich mir körperliche Ruhepausen in sitzender Tätigkeit, so dass ich noch viele Jahre bei meinem Arbeitgeber tätig sein kann.

Das Gefühl, mich aus einer unmöglichen Situation befreit zu haben, erfüllt mich heute mit Stolz, ebenso wie mein Verhalten im Arbeitsleben. Dass es auch in diesem Umfeld Situationen gibt, die den Stresspegel erhöhen und es zu Situationen kommt, in denen die Stimmung im Team in den Keller rasselt, kann ich heute in die richtige Relation stellen. Vor allem bin ich fähig, in heiklen Momenten adäquat zu reagieren, was mir zeigt, dass man Probleme und Verhaltensmuster, die in der Vergangenheit begründet liegen, überwinden kann, wenn man Hilfe beansprucht und die damit verbundene Arbeit auf sich nimmt. Der hinter uns liegende große Umzug der Firma führte bisweilen zu einer gereizten Stimmung, doch der Anstand und der Respekt blieben gewährleistet. Vieles kann ich heute besser einordnen, lasse mich nicht mehr provozieren, nehme den kleinen Peter an die Hand, navigiere ihn als erwachsener Mann durch manche Turbulenzen. Einmal ließ mich ein mir gleichgestellter Kollege unvermittelt wissen, er hätte Teamleiter werden können. Früher hätte ich eine solche Bemerkung mit seinem Bedürfnis verbunden, mir zu zeigen, dass er eigentlich besser ist als ich. Doch nun antwortete ich mit einem Scherz, der ihn zum Lachen brachte: „Und ich hätte einmal beinahe fünfhundert Leute unter mir gehabt – damals, als ich mich als Friedhofsgärtner beworben habe.“ Wenn ich solche Situationen positiv auflösen kann, ist auch meine Psychologin stolz auf mich. Ein weiterer persönlicher Erfolg, betrifft den Umstand, dass ich mich heute gut abgrenzen kann, mich frühzeitig zu Wort melde, wenn mich etwas stört, dies in anständiger Art und Weise mache und danach nicht mehr langfristig verstimmt bin, sondern den anderen die Hand reichen kann, man weiter am selben Strang zieht. In der Arbeitswelt ist all das eine Voraussetzung, um nachhaltig zu funktionieren. Zu verdanken habe ich diese Veränderungen mir selbst, vor allem aber auch jenen Fachleuten, die mich jahrelang psychologisch begleiteten. Mein Verhalten ist heute anders als zu Zeiten der vielen Stellenwechsel, als ich wie ein kleines, ängstliches Kind reagierte, das in der Dunkelheit reglos auf der Mauer vor dem Haus sitzt und sich davor fürchtet, in die Wohnung mit dem gewalttätigen Vater zurückzukehren. Heute stehe ich an einem Punkt, der vor zwei Jahren noch unvorstellbar gewesen wäre und auch mein Auftreten hat sich verändert. Den Kopf halte ich gerade, nicht mehr gesenkt, die Menschen grüßen mich vermehrt, weil ich Offenheit und Selbstbewusstsein ausstrahle, kurz: Mein Äußeres korrespondiert mit meinem gestärkten Innern, das ich mir hart erkämpfen musste.

Doris und ich. Ich und Doris. Vor uns liegt eine gute Zukunft und die Gewissheit, dass man sich auf den anderen zu hundert Prozent verlassen kann, trägt zu unserem Glück bei. Heute genießen wir unser Leben erneut und ich auch meinen Erfolg. Dass ich einen guten Job gefunden habe. Dass eine wunderbare Partnerin an meiner Seite steht, die mich in schwierigsten Zeiten nie im Stich ließ. Nun spüre ich Ruhe und Frieden, kann loslassen und vielleicht auch Unrecht, das mir im Rahmen meiner Erkrankung widerfahren ist, eines Tages verwinden. Als ich mich entschloss, meine Lebensgeschichte zu erzählen, stand das „Happy End“ noch nicht fest. Zu sagen, was geschehen ist, in einem Land wie der Schweiz und nachdem ich fünfunddreißig Jahre lang in die entsprechenden Versicherungen einbezahlt hatte, war mir ein Anliegen. Als ich am Boden lag und um Hilfe bat, wurde sie mir von Sozialamt und RAV verwehrt. Meine Haltung, dass man nie aufgeben darf, hat sich schlussendlich bewährt. Doch auch mir fiel es in manchen Situationen schwer, die Hoffnungslosigkeit zu überwinden. Ist man geschwächt und verzweifelt, fehlt es an Kraft, um sich zu wehren und weiterzumachen, ein Umstand, der meiner Meinung nach ausgenutzt wird. Von Gutachtern, die im Sinn ihrer Auftraggeber urteilen. Von Ämtern, die Menschen in einer ähnlichen Situation als „Totalschaden" beurteilen und sie ihrem Schicksal überlassen. Obwohl die neuen gesetzlichen Bestimmungen ähnliche Leidensgeschichten nun hoffentlich verhindern werden, existieren vermutlich Tausende von Betroffenen, die von den neuen IV-Bestimmungen nicht profitieren konnten und heute mit leeren Händen dastehen: Menschen wie du und ich. Rechtschaffene Leute, die nicht schuld sind, wenn sie krank werden. Menschen, die nicht im Scheinwerferlicht stehen und trotzdem ein Recht darauf haben, gehört und gesehen zu werden. Auch für sie habe ich dieses Buch verfasst und hoffe, dass es ihnen den Mut vermittelt, weiterzumachen und – trotz allem – immer an eine Verbesserung zu glauben.

Peter Gross, im Spätsommer 2022

*Namen wurden geändert

DORIS, LEBENSPARTNERIN VON PETER

Peter und ich lernten uns über das Internet kennen. Wie er sich schriftlich ausdrückte, gefiel mir. Im Gegensatz zum Bild, das er mir von sich zuschickte! Wir verabredeten uns trotzdem und als er auf mich zulief, dachte ich nur: Wow! Ein toller, sympathischer Mann stand vor mir, der ganz anders aussah, als auf dem missglückten *Selfie*. Wir liefen durch die Altstadt, aßen etwas. Es war schön, aber als wir uns verabschiedeten, hatte ich noch keine Schmetterlinge im Bauch. Wir waren ja nicht mehr blutjung. Ich hatte ziemlich genaue Vorstellungen von einem Partner. Wenn man beziehungserfahren ist, geht man nicht mehr so große Kompromisse ein wie in der jugend, beziehungsweise wusste ich auch, was ich nicht mehr möchte. Wir blieben in Kontakt, mit seinen Zeilen zog er mich weiterhin in seinen Bann. Als ich ihm schrieb, dass ich einmal in meinem Leben in einem schönen Ballkleid einen Walzer tanzen möchte, versprach er, mir diesen Wunsch zu erfüllen. Ich lernte ihn als liebevollen Menschen kennen. Ein Mann, der auf Macho-Allüren verzichtet, der anständig und auch fürsorglich ist. Bei einem Aufenthalt im Tessin verliebten wir uns dann stürmisch und wurden ein Paar. Den Marktbesuch in Italien bekamen wir nicht mit. Wir waren mit Umarmungen und Küssen beschäftigt: eben doch wie Teenager! Sein Charakter, das Aussehen, seine ganze Art und seine Verbindlichkeit, aber auch seine Interessen gefielen mir. Zuerst lieh ich mir Töff-Kleidung aus, dann kaufte ich eine eigene Ausrüstung und fragte Peter neckisch, ob sich die Investition wohl lohnen werde. Er gab mir lachend einen Klaps und antwortete: „Sicher!" Die erste Zeit war wunderbar. Bald verbrachten wir zusammen die ersten Ferien in Djerba. Dann lud ich ihn an seinem Geburtstag in ein Romantik-Hotel ein. Als er das schön dekorierte Zimmer betrat, hatte er vor lauter Freude darüber, dass ich so etwas für ihn organisierte, Tränen in den Augen. Nach drei Monaten gestaltete er ein wun-

derschönes kleines Buch für mich, in dem alle bisherigen Erlebnisse zur Sprache kamen.
Peter ist ein Mensch, der nicht wegrennt, Verantwortung wahrnimmt und sehr loyal ist; das sollten auch die folgenden Jahre zeigen. Als mein Vater schwer erkrankte, es ihm in einer späteren Phase sehr schlecht ging, er an zig Maschinen angeschlossen werden musste, die selbstständige Atmung aber nicht hergestellt werden konnte und es fraglich war, ob er die Nacht überleben würde, blieb Peter an meiner Seite, unterstützte mich, war mir eine große Hilfe. Beziehungsmäßig war er allerdings ein gebranntes Kind, er brauchte Zeit, damit er volles Vertrauen fassen konnte und das Zusammenleben verband er – so war es mein Eindruck – mit jenen schlimmen Situationen, die er bereits erlebt hatte. Als ich einmal mit meiner kleinen automatischen Kaffeemaschine bei ihm vor der Haustüre stand, damit ich am Morgen nicht seinen Pulverkaffee trinken musste, traf ihn fast der Schlag. Er meinte wohl, ich wolle mit Sack und Pack bei ihm einziehen. Ein anderes Mal waren wir auf einem Spaziergang, als ich ihn fragte, ob er sich vorstellen könne, mit mir zusammenzuziehen. Er druckste herum: ja, irgendwann. Ich ließ es dabei bleiben, wusste, dass ich ihn nicht drängen darf. Nach zweieinhalb Jahren zog er dann – freiwillig! – bei mir ein. Mein Haus wurde zu unserem Refugium. Wir fanden schnell zu einem guten Alltag, pflegten wohltuende Routinen und unternahmen viel zusammen: Wandern, Lotto spielen, Velo- und Töfffahren, in die Ferien verreisen. Wir arbeiteten beide Vollzeit, konnten uns einiges leisten und das Leben genießen, es war eine wunderschöne Zeit. Die Beziehung verlief ohne Mühe harmonisch. Wir bauten ein starkes Fundament, auf dem ein ganzes Hochhaus hätte stehen können. Wir brauchen einander, wussten auch, dass eine solche späte Liebe keine Selbstverständlichkeit ist und trugen Sorge füreinander.

Nach rund drei Jahren verlor Peter leider seine Arbeit bei der Bank. Von einer Stunde auf die andere stand er auf der Straße. Einen neuen Job zu finden, erwies sich als sehr schwierig. Er war verzweifelt auf der Suche: Bereits frühmorgens saß er vor dem Computer und das letzte Mal spätnachts, um die Arbeits-Angebote zu kontrollieren und sich auf hunderte von Stellen zu bewerben. Ich unterstützte ihn so gut es ging, doch tagsüber war ich bei der Arbeit. Er war viel allein, kannte im neuen Wohnort keine Leute und als sich der Winter mit viel Nebel bereitmachte, meinte ich, eine erste Verstimmung wahrzunehmen. Er war in der Freizeit jetzt oft nicht mehr motiviert, um etwas zu unternehmen. Als er nach langer Zeit wieder Arbeit fand, blieb irgendwie der Wurm drin. Eine böse Chefin machte ihm das Leben schwer, auch Kollegen sorgten für Probleme und es kam immer wieder zu Situationen, in denen er selbst kündigte oder ihm gekündigt wurde. Von Peters Familiengeschichte wusste ich zu diesem Zeitpunkt nur wenig. Er war wie ein Buch, in dem die einzelnen Seiten sehr langsam umgeblättert wurden. Dass er schreckliche Dinge erlebt hatte, die sein Verhalten als Erwachsener prägten, erfuhr ich erst viel später.

Die wiederholt belastenden Situationen bei der Arbeit, so meinten wir damals, waren verantwortlich dafür, dass er bald unter gesundheitlichen Problemen litt, viel Gewicht verlor und sich auch persönlich veränderte. Panikattacken, die sich bei verschiedenen Gelegenheiten manifestierten, belasteten ihn stark und veränderten unseren gemeinsamen Alltag. Den wöchentlichen Einkauf konnten wir bald nicht mehr gemeinsam erledigen, er reagierte übermäßig auf Geräusche und wenn jemand mit dem Einkaufswagen hinter seinem Rücken entlangfuhr, reagierte er extrem gestresst und musste das Geschäft verlassen. Auf einer Reise nach Wien verhielt er sich bereits am Flughafen eigenartig, war wie in seiner eigenen Welt versunken. Beim Frühstück im Hotel musste er den Raum verlassen und Schloss Schönbrunn musste ich allein besuchen, da ihn Menschenansammlungen ängstigten. Er fürchtete sich auch vor unserer Nachbarin, die eines Tages vor unserer Haustüre stand. Eine nette Frau, die wir mochten. Doch nun stellte Peter den Fuß in die Türe und wich vor ihr zurück. Bei einer anderen Gelegenheit brach er bei einer Gourmet-Wanderung, auf die ich mich sehr gefreut hatte, am Dessert-Buffet in Tränen aus. Angst-Attacken kündigten sich an, indem er regelrecht erstarrte. Ich erkannte diesen Zustand mittlerweile sofort, sprach ihn darauf an, versuchte, ihn zu unterstützen und aus der Situation zu holen. So auch, als wir neue Möbel kaufen wollten. An der Kasse angelangt, bemerkte ich, dass es ihm sehr schlecht ging und sagte ihm, er solle draußen auf mich warten. Er fand den Ausgang kaum.

Es ging ihm immer schlechter. Zu Hause stürzte er einmal schwer, ich fand ihn am Morgen auf dem Sofa liegend und machte mir Vorwürfe, weil ich nichts gehört hatte. Solche Zusammenbrüche, die verschiedene Male mit lang dauernden Weinkrämpfen verbunden waren, häuften sich und bei der Arbeit wurde alles immer schlimmer. Ich wollte ihm helfen und alles für ihn machen, damit es ihm besser ging, erlebte ihn unglücklich und geschwächt. Es war schrecklich. Bald war ich in ständiger Sorge um ihn. Irgendwann lag der Fokus nur noch auf Peter. Ich wusste nicht, wie es ihm bei meiner Rückkehr am Abend ging, hatte oft Angst um ihn. Wenn ich nach Hause kam, nahm er den ganzen Raum ein, erzählte stundenlang, was sich Schlimmes bei der Arbeit zugetragen hatte und ich selbst fand bald nur noch am Rand statt. Das alles entwickelte sich langsam, doch irgendwann ging es nur noch um ihn. Sozial war fast nichts mehr möglich, er isolierte sich. In dieser Zeit und den folgenden Jahren verlor ich vorübergehend meinen Peter, wie er immer gewesen war: humorvoll, liebevoll und fürsorglich. Irgendwann ließ er auch keine körperliche Nähe mehr zu. Er konnte mich nicht mehr küssen und nicht mehr in den Arm nehmen. Ich war am Boden zerstört und sehr traurig. Er war allein mit sich selbst beschäftigt und hatte keine Kraft mehr für mich. Natürlich drückte er gelegentlich seine Wertschätzung für meinen Einsatz aus. Doch die Leichtigkeit und das Glück, das uns in den gesunden Jahren begleitet hatten, gingen verloren. Ich litt, musste meine eigenen Kraftreserven anzapfen, doch niemals hätte ich ihn fallen lassen. Die Veränderungen in seinem Verhalten erklärte der Psychiater später als „normal“.

Trotzdem nimmt man manches persönlich und in schlechten Stunden fragte ich mich, ob mich Peter überhaupt noch liebte.

Nach einem gravierenden Zusammenbruch bei uns zu Hause und einem weiteren bei der Arbeit fanden die psychiatrischen Abklärungen statt. Mit den damit verbundenen Diagnosen rechnete ich als Laie nicht, gleichzeitig waren sie eine Erleichterung, denn nun wussten wir, dass mit Sicherheit gehandelt werden musste und Verbesserungen erzielt werden konnten. Zuerst war Peter in der Tagesklinik. Als positiv erwies sich, dass dort ein strukturierter Alltag herrschte und er nach einem Wechsel mit einer guten ambulanten Psychologin weiterarbeiten konnte. Den Fortschritten folgten allerdings oft Rückschläge. Irgendwann in dieser Zeit erreichte ihn der negative IV-Entscheid, der auf einem skandalösen Gutachten basierte, der die gesamte Krankheitsgeschichte meines Partners in Abrede stellte, was bei Peter zu einer erneuten Krise führte, worauf ein mehrmonatiger teilstationärer Aufenthalt beschlossen werden musste. Als er zum ersten Mal über das Wochenende nach Hause durfte, erkannte ich ihn fast nicht wieder. Er schwärmte von den Leuten in der Klinik und den anderen Patienten. Manche hatten ein ähnliches Schicksal wie er. Sie schienen ihn besser zu verstehen als ich, konnten in vollem Ausmaß nachvollziehen, was er durchmachte. Mein Eindruck war, dass er froh war, als er wieder in die Klinik zurückkehren durfte. Ich war, nicht selbst gewählt, zu seiner Beschützerin mit vielen Aufgaben mutiert und es hatte gedauert, bis ich diese Rolle annehmen konnte. Nun wurde ich plötzlich nicht mehr gebraucht und fragte mich, ob er bei mir jetzt weniger Geborgenheit fand als bei den Leuten in der Klinik.

Der Aufenthalt erwies sich trotzdem als wertvoll. Jetzt konnte man in der Behandlung in die Tiefe gehen und die Familiengeschichte aufarbeiten. Nachdem die einzelnen Fäden entwirrt worden waren, konnte er auch mir mehr erzählen. Ich erfuhr viel und war sehr traurig darüber, was ihm alles widerfahren ist. Selbst wuchs ich in behüteten und liebevollen Verhältnissen auf und empfand die Zurückweisung durch seine Mutter als sehr hart. Er war ein kleiner, lieber, unschuldiger Junge, der nichts dafür konnte, wenn die Erwachsenen ihre Leben nicht auf die Reihe bekamen. Doch er wurde zum Sündenbock gemacht, musste sich als Klotz am Bein der Mutter gefühlt haben, während seine beiden jüngeren Schwestern geliebt und verwöhnt wurden. Heute verstehe ich manche seiner Reaktionen besser, weil ich sie in eine Relation mit dem Erlebten stellen kann und auch den Kontaktabbruch mit der Familie kann ich nun nachvollziehen.

In der Klinik lernte Peter auch, Strategien zu entwickeln, damit er heikle Situationen und die Panikattacken bewältigen kann, was in der Zukunft aber trotzdem nicht immer gelang. Seine Probleme standen weiterhin im Fokus, als ich meine Arbeit verlor. Die Kündigung war mit schlechten Erlebnissen verbunden und als ich am Abend nach Hause kam, fühlte ich mich sehr allein, weil Peter zu diesem Zeitpunkt in der Klinik und somit nicht da war. Zum Glück hatte er mich bereits in den Zeiten, als er sich sozial isolierte und nichts mehr unternehmen mochte, immer ermuntert, allein oder mit anderen zusammen Aktivitäten zu pflegen. Während die Patienten zu Recht viel Hilfe erhalten, müssen sich die stark belasteten Angehörigen selbst helfen. Was mir in dieser Zeit am meisten Entspannung verschaffte, waren ausgedehnte Fahrradtouren, die ich allein in der Natur unternahm. Sie vermittelten mir Kraft und Stunden, in denen ich den Kopf frei bekam. 2020 ging es mir gesundheitlich trotzdem schlecht. Durch Peters Krankheitsgeschichte wusste ich, dass Seele und Körper miteinander in Verbindung stehen und holte rechtzeitig professionelle Hilfe, eine Entscheidung, die ich nicht bereue, denn in dieser Therapie geht es bis zum heutigen Tag um mich und um die hinter mir liegenden, anstrengenden und schmerzvollen Jahre. Auch bei Peter gab es gute Veränderungen. Ein Achtsamkeitstraining bewirkte, dass er schöne Klänge, Farben und Gerüche wieder bewusst wahrnehmen konnte. Er begann zu malen, Saxofon zu spielen und als er wieder zu Hause war, kaufte er ein E-Bike. Künftig erkundeten wir auf diesem Weg gemeinsam die Natur. Nachdem ich ihn einmal darauf aufmerksam gemacht hatte, dass ich oft zu kurz komme und auch noch da bin, konnte er diesem Umstand nun wieder Rechnung tragen und kümmerte sich mehr um mich und um unsere Beziehung. Mein Peter kehrte in kleinen Schritten zurück. Die Angst, dass er wieder zusammenbrechen könnte, begleitete mich aber weiterhin.

Die Klinik hatte ihn bei der Entlassung zu hundert Prozent krankgeschrieben und den Prozess der Genesung als nicht abgeschlossen beurteilt, aber aufgrund des IV-Entscheids suchte er jetzt verzweifelt eine Stelle auf dem ersten Arbeitsmarkt, was sich als unmöglich erwies, ebenso wie die Möglichkeit, längerfristig von einer entsprechenden Maßnahme zu profitieren. Gesundheitlich angeschlagene Menschen sollten, auch wenn sie noch unter dem Fünfzig-Prozent-Pensum arbeiten, von dieser Art der Integration profitieren können. Ich bin überzeugt, dass die meisten so langfristig in den Arbeitsmarkt zurückfänden und man sehr viel Steuergeld sparen könnte. Das Krankentagegeld lief aus und bald auch das Arbeitslosengeld. Die Entscheidung des Sozialamtes, dass ich mit allem, was ich mir zusammengespart und hart erarbeitet hatte, haftbar gemacht wurde, war ein Schock. Die Angst vor der Zukunft wurde riesig, ich hatte das Gefühl, dass wir mit offenen Augen auf den Abgrund zusteuern. Wir klammerten uns an jeden Strohhalm, doch die Verzweiflung wuchs und irgendwie gelang auch das Denken nicht mehr so gut, weil uns alles wie ein unüberwindbares Chaos erschien. Die Situation schien ausweglos zu sein. Plötzlich steht man sehr allein da. Das System ließ uns fallen, wir erhielten auch keine Beratung, wie es weitergehen könnte. Ich war wirtschaftlich immer unabhängig gewesen, nur so konnten wir die folgende Zeit meistern, in der wir allein von meinem Einkommen von rund dreitausendvierhundert Franken leben mussten. Beim Einkauf einfach noch eine Packung Biskuits mitzunehmen, lag jetzt nicht mehr drin. Ich richtete das Augenmerk auf Aktionen und konzentrierte mich auf das Essenzielle. Jede Extra-Ausgabe wurde zum Stress, die dringend benötigten Schuhe konnte man nicht kaufen und auch bei allem anderen mussten wir stark zurückstecken. Einmal bat mich Peter um einen kleinen Betrag. Taschengeld! Es muss hart gewesen sein für ihn. Die unsichere Existenz, die Armut, in die wir unverschuldet gerutscht waren, belastete auch unsere Beziehung. Es wurde dem anderen viel abgefordert, die Stimmung konnte gereizt werden. Einmal warf mir Peter an den Kopf: „Dann gehe ich halt einfach weg!“ Ich war erschüttert. Jahrelang hatte ich viel mitgetragen und jetzt wollte er mich allein lassen? Er entkräftete seine Worte sofort und ich verstand, dass man in einer solchen vertrackten Situation Dinge sagt, die man gar nicht so meint.

Dass ich ihn unterstütze, egal was geschieht, war für mich immer selbstverständlich und gar keine Frage. Nun überlegte ich mir Lösungen, um pro Monat ein paar hundert Franken mehr verdienen zu können. Tagsüber noch mehr zu arbeiten, am Abend Büros zu putzen, wären Optionen gewesen, die ich in Betracht zog. Doch dann geschah ein Wunder: Peter fand eine neue Stelle. Nach über hundertachtundsechzig Bewerbungen. Das Achtzig-Prozent-Pensum erschien mir ein Risiko zu sein. Die Arbeit ist körperlich anstrengend, er ist den ganzen Tag auf den Beinen. In den ersten Monaten schlief er direkt nach der Rückkehr, stundenlang. Zweimal geriet er in einen seltsamen Zustand, den ich so gut kannte. Noch heute muss ich ihn dann, bildhaft gesprochen, an der Hand nehmen und ihn in die Realität zurückführen. Ich ließ ihn wissen, er müsse auf seine Gesundheit achten, und dass wir einen Weg fänden, würde es ihm alles zu viel. Doch das war nicht nötig. In der Zwischenzeit hat er auch gelernt, seine Bedürfnisse rechtzeitig zu äußern, mit dem Resultat, dass sein toller Chef ihn für körperlich weniger anstrengende Tätigkeiten einsetzte. Wir konnten einen riesigen Rucksack, der mit Kummer und Sorgen gefüllt war, ablegen und die Leichtigkeit kommt in kleinen Schritten zurück. Peter hat jetzt wieder mehr Energie. Für mich und auch für gemeinsame Aktivitäten. Heute planen wir die nahe und ferne Zukunft: gemeinsame Reisen, vielleicht die frühere Pensionierung. Wir haben gelernt, den Moment zu genießen, weil man nie weiß, was die Zukunft bringen wird. Die Erinnerungen an die schlimmen Zeiten sind noch da, aber manche Details sind in den Hintergrund gerückt oder in Vergessenheit geraten. Wir denken positiv, streben vorwärts. Dass wir das alles zusammen durchgestanden haben, vermittelt uns die Gewissheit, weiterhin in guten und schlechten Zeiten füreinander da zu sein.

Der Autor

Peter Gross, Jahrgang 1966, wuchs in einem 7000-Seelen-Dorf im Kanton Aargau auf. Nach Abschluss der Realschule begann er eine Lehre zum Bäcker und Konditor, die er jedoch wegen einer Mehlallergie abbrechen musste. Er ließ sich zum Postbeamten ausbilden. Es folgten einige berufliche Rückschläge und psychische Probleme. Mehrmals wechselte er den Arbeitsplatz, zeitweise war er nicht voll einsatzfähig und unfreiwillig ohne Job. Inzwischen hat er eine Anstellung in der Logistik eines medizinischen Zentrums gefunden. Peter Gross lebt mit seiner Lebensgefährtin im Kanton Thurgau. In seiner Freizeit spielt er am liebsten Saxofon, fährt E-Bike und wandert. Nach vielen überwundenen Krisen lautet sein Lebensmotto heute: Genieße den Augenblick, denn er ist dein Leben!